湛庐文化 Cheers Publishing
a mindstyle business
与 思 想 有 关

改变美国人命运的行为经济学巨星

SHLOMO BENARTZI

什洛莫·贝纳茨

SHLOMO

“行为经济学之父”理查德·泰勒最欣赏的合作伙伴

什洛莫·贝纳茨是一个土生土长的以色列人，以优异的成绩毕业于以色列知名的特拉维夫大学经济学专业。随后，他来到美国，进入康奈尔大学约翰逊管理学院继续深造，开始了在行为经济学领域的研究生涯，2007 年成为加州大学洛杉矶分校安德森管理学院的教授。贝纳茨善于将心理学与经济学观点结合起来，利用象牙塔内的研究成果解决现实生活中的问题。金融危机过后，当安联保险旗下价值两万亿美元的资产管理部门安联全球投资者（Allianz Global Investors）想要建立一个行为金融学中心时，贝纳茨教授成为他们的首选。2015 年，贝纳茨加入个人资本公司(Personal Capital) 的学术顾问委员会。

贝纳茨是“行为经济学之父”理查德·泰勒最信任的合作伙伴。他们相识的时候，泰勒已经是行为经济学领域知名的教授，而贝纳茨还是一名博士生。在泰勒眼中，贝纳茨是一个充满精力、绝不会因任何困难而退却的人，他不仅拥有追根究底的精神，更拥有不断涌现的创意。他们的很多合作项目正是在贝纳茨的不断努力下才得以顺利进行下去，其中一个最重要的项目就是“为明天多储蓄”计划。

用行为经济学原理解决社会问题的超级巨星

作为行为经济学领域的领军者，贝纳茨一直试图帮助普通消费者改变他们的行为方式，以获得更好的生活。他发现，人们总是用自己的钱做蠢事，以至于没有存下足够的养老金。于是，他与泰勒合作推动了“为明天多储蓄”计划，希望帮助人们往退休金账户里存更多的钱。

计划刚开始时并不顺利。企业对这项计划的合法性心存疑虑，雇员对于计划的接受程度也不高，贝纳茨和泰勒甚至没能找到一位愿意配合他们实践这项计划的雇主。所以，当发现有一家公司正在实施该计划时，他们非常兴奋。“为明天多储蓄”计划在那家公司获得了相当大的成功，在三年半的时间内，帮助员工将储蓄率从开始的 3.5% 提升到 13.6%，几乎是原来的 4 倍。这一成功也推动更多的公司开始尝试这个计划。

“为明天多储蓄”计划的成功让贝纳茨成了养老金领域的超级巨星。2004 年，他入选《金钱》杂志（*Money*）评选的年度杰出人物，2005 年又荣获美国教师退休基金会（TIAA-CREF）保罗·萨缪尔森奖。2006 年，该计划列入美国《养老金保护法案》。2012 年，贝纳茨教授登上 TED 大会，他的演讲视频网络观看次数超过百万。

BENARTZI

SHLOMO BENARTZI

努力改善人们网络行为的首席科学家

“为明天多储蓄”计划帮助 400 多万美国人提高了储蓄率，然而，贝纳茨并没有因此感到兴奋，反倒为推广活动进展缓慢而感到沮丧——他和泰勒用了 15 年才影响到了这些人，仍有数百万美国人没有存到足够的退休金。所以，他希望能够借助科技的力量在短时间内帮助更多的人。

作为一名行为经济学家，贝纳茨善于观察人的行为。他发现，人的行为很容易被屏幕所影响，而这种影响让他有机会帮助数十亿人进行更聪明的思考和更具智慧的决策。于是，他开始研究人们在面对屏幕时的不同思考方式，希望能够利用这些知识设计出更有效的信息与选择框架，从而提高人们的决策水平。

目前，贝纳茨担任加利福尼亚数字助推计划(California Digital Nudge Initiative) 的首席科学家， 致力于帮助人们做出正确的决策，从而使之拥有更美好的生活。

The Smarter Screen

Surprising Ways to Influence and Improve Online Behavior

抓住多屏时代的消费冲动与商业机会

屏幕上的聪明决策

「新零售三部曲」

[美]什洛莫·贝纳茨（Shlomo Benartzi） 乔纳·莱勒（Jonah Lehrer）◎著 石磊◎译

北京联合出版公司
Beijing United Publishing Co.,Ltd.

THE SMARTER SCREEN 测试题

你了解屏幕的影响力吗?

当下，屏幕占据了我们大部分的时间。然而，我们对于那些影响我们在屏幕上思考的视觉偏见和行为规律仍然缺乏认识。笔记本电脑、iPad、智能手机、可穿戴设备，这些屏幕到底会给人们造成多大的影响？究竟是哪些因素影响了我们的决策？开始阅读本书之前，请完成以下测试题，以评估你对于屏幕影响力的了解程度。

1. 你的注意力是有价值的，比如游客每次通过在线旅游网站预订房间，网站都要向酒店收取佣金，你认为佣金会占到房费的百分之几呢？

   A. 5%~10%
   B. 10%~15%
   C. 15%~20%
   D. 20%~30%

2. 美国政府发布了 www.healthcare.gov 以帮助民众选择医疗保险。有研究表明，受试者在 healthcare.gov 模拟版上选择的参保方案与本应该选择的方案相比，价格有所出入。你认为会有怎样的变化？

   A. 价格基本一样
   B. 价格略有变化，但浮动不超过 100 美元
   C. 前者比后者便宜 888 美元
   D. 前者比后者贵 888 美元

3. 我们正在用速度替代深度。很多用户会基于对网站内容的第一印象做出反应，快速决定是继续阅读还是跳转网页。在访问者离开之前，你有多少时间引起他们的兴趣？

A. 不超过 15 秒

B. 30 秒

C. 1 分钟

D. 2 分钟

4. 如果司机一边开车一边打电话，他闯红灯的概率会提高多少？

A. 1 倍

B. 3 倍

C. 5 倍

D. 10 倍

5. 三次点击原则指出，用户会逃离任何在三次点击内无法完成某项任务的网站。但如果用户觉得每次点击能帮助他们不断接近所要寻找的内容时，就会愿意继续点击。你认为用户最多愿意点击多少次？

A. 10 次

B. 15 次

C. 20 次

D. 25 次

6. 美国大学生助学贷款申请表烦琐且复杂，导致很多学生放弃贷款，从而降低了入学率。如果利用软件能够自动填写申请表中 1/3 的内容，你认为愿意提交贷款申请的学生数量会增加多少？

A. 大约 10%

B. 大约 20%

C. 大约 30%

D. 大约 40%

7. 选项数量与消费者满意度是存在一定关系的。假设有若干支价格约为 2 美元的笔，消费者可以用 1 美元的特殊折扣价选购一支。那么，当有两支笔可供选择、有 10 支笔可供选择，或有 16 支笔可供选择时，选到满意的笔的消费者的数量会有怎样的变化?

   A. 40%，90%，30%
   B. 40%，60%，90%
   C. 50%，50%，50%
   D. 90%，60%，40%

8. 美国空军每天要积累 500 多个小时的在阿富汗和伊拉克的航拍画面。洪水般的信息产生了一个明显的问题：需要有人去处理它们。不幸的是，有证据显示，大量的视觉数据经常令无人机操作员应接不暇。因此，2010 年 2 月 21 日清晨，当一架美国“狩猎者”无人机开始追踪行驶在阿富汗南部 Shahidi Hassas 地区的一辆皮卡车和两辆 SUV 时，分析员没有注意到皮卡车和 SUV 里实际上全是普通百姓，也因此无人机操作员下令开火，最终令 23 个无辜百姓死于袭击。我们要如何做才能减少类似的悲剧呢?

   A. 减少无人机，控制数据信息的数量
   B. 增派人手，让更多的分析员参与工作
   C. 分割图片，提高图片的分辨率
   D. 把相关图片分成一系列部分重叠的图片，让一张图片的边缘处于另一张图片的中心位置

扫码关注“湛庐教育”，
回复“屏幕上的聪明决策”，获取测试题答案。

THE SMARTER SCREEN

目录

前言

是什么影响我们在屏幕上的决策

THE SMARTER SCREEN

数字时代，我们面临严峻的挑战：拥有更多的选择，但总是做出错误的决策；拥有更多的信息，但总是对重要的信息视而不见；能够快速行动，但总是鲁莽行事。我们要了解自己是如何犯错的，才会知道如何去修正！

THE SMARTER SCREEN

Surprising Ways to Influence and Improve Online Behavior

不理性的屏幕决策

2013 年 10 月 1 日，美国政府发布了一个旨在帮助民众选择医疗保险的新网站 www.healthcare.gov。本质上，该网站就像是一个购物门户网，允许消费者对本地区可供选择的医保方案的价格和功能进行对比。政府希望借助该网站的规模促使数百万未参保的美国人进行注册。

大部分媒体在报道这个网站时，都围绕其技术上明显的小毛病，却很少有人注意到它潜在的更严重的问题：这个网站真的能帮助消费者找到最佳参保方案吗？奥巴马医改计划的覆盖范围非常广，因此即使看起来很小的设计细节都会产生相当大的影响，从而左右几百万美国人的关键财务决策。

不幸的是，研究表明，大部分人可能在网站上做出了糟糕的参保选择。由沙鲁巴·巴尔加瓦（Saurabh Bhargava）、乔治·勒文施泰因（George Loewenstein）和我组织的一项研究表明，一般受试者使用 healthcare.gov 模拟版选择的参保方案要比应该选择的方案贵 888 美元，大约等于他们收入的 3%。与此同时，哥伦比亚大学的埃里克·约翰逊（Eric Johnson）领导的一项更早的研究发现，像 healthcare.gov 这样给消费者提供大量医保选项的网站会显著降低他们选择最佳参保方案的能力。事实上，即使只提供了适量选择，也还是会有近 80% 的人选择次一级的方案。

这个问题能解决吗？网络世界为我们提供了前所未有的丰富选择：平均每位 healthcare.gov 的访问者有 47 种参保方案可以选择，而 Zappos.com 上有 25 000 多双女鞋可供选择。网络应该怎样帮助我们做出更好的选择呢？

2010 年 2 月 21 日清晨，一架美国"狩猎者"无人机开始追踪行驶在阿富汗南部 Shahidi Hassas 地区的一辆皮卡车和两辆 SUV。在追踪汽车的同时，这架无人机给驻扎在靠近赌城拉斯维加斯的克里奇空军基地的一队分析员传送了一段直播视频。

这样的智能情报在现代战争中很重要。美国中央情报局就曾利用无人机收集有关奥萨马·本·拉登藏身之处的情报；在近期的武装冲突中，以色列国防武装部队曾派十几架无人机在加沙上空侦察；美国空军每天要积累 500 多个小时的在阿富汗和伊拉克的航拍画面。

洪水般涌来的信息造成了一个明显的问题：需要有人去处理它们。不幸的是，有证据显示，大量的视觉数据经常令无人机操作员应接不暇。乔治梅森大学的赖安·麦肯德里克（Ryan McKendrick）领导的一项研究表明，模拟多任务环境下的无人机操作员，在空中防御任务中表现更差。另一项观察装甲车内的炮手的实验发现，当任务列表中增加另一项任务时，士兵们就无法有效地完成最基本的任务——发现敌人。多项实验都显示，数字信息的过剩会造成屏幕盲点。

这正是那些追踪阿富汗南部车辆的分析员遇到的情况。美军内部调查报告显示，内华达办公室里的分析员由于反复在视频源、无线电波和大量即时信息中切换，根本无法处理所获得的所有信息。因此，他们并没有注意到在皮卡车和 SUV 里的实际上全是普通百姓，也因此无人机操作员下令开火，发射了一连串"地狱之火"导弹和火箭弹,最终导致 23 个无辜百姓死于袭击。

我们如何减少这样的悲剧呢？美国空军和中央情报局应该做些什么来减少屏幕上的盲点危机呢？金融机构、医院或其他组织该如何处理信息过载引发的同样问题呢？

2013 年 12 月 14 日，杰西卡·辛菲尔德（Jessica Seinfeld）用 Uber 送孩子穿越市区到一家酒吧参加一场成人礼过夜派对。不幸的是，此次行程发生在纽约市的一次暴风雪中，这也意味着 Uber 会启用动态定价原则（当对司机的需求过旺时，例如在暴风雪中或是新年前夜，Uber 会系统化地加价以吸引更多的司机接单）。这场暴风雪导致人们对司机的需求非常高，以致一些曼哈顿的乘客被收取了高于平常价格 8.25 倍的车费。尽管 Uber 曾提醒乘客会收取加价费，但明显效果不大。社交媒体上立即充满了对这一"敲竹杠"式价格的抱怨。杰西卡·辛菲尔德就在 Instagram 贴出了一张 415 美元的 Uber 账单照片；许多人也抱怨他们从城市一端到另一端的花费超过了 150 美元。Uber 确实提供了有价值的服务——帮助人们在暴风雪天气回家，但同时也激怒了很多消费者。当你的公司成为人们发"# 再也不会 #"推文的由头时，绝对不是一件好事。

动态定价问题揭示了一个更普遍的数字化风险，那就是人们在屏幕上会思考得很快。当然，Uber 乘客从这种快节奏中获得了益处，流畅的应用程序让人们动动大拇指就能打到车。然而，当动态定价出现时，也会毫不费力就能弄巧成拙。消费者在手机上下单时并没有意识到行程将花多少钱。

Uber 应该怎样修正自己的应用呢？有办法帮助消费者避免做出他们立刻就会后悔的线上决策吗？

屏幕助推的惊人方式

从对军事情报的分析到 Uber 出行，以上三个故事阐释了数字革命正在改变我们生活的几种方式。它们揭示出我们正处在一个拥有更多信息和更多选择，同时也能以惊人的速度对这些信息与选择做出反应的时代。但这些故事也揭示了我们面临的更为严峻的挑战：拥有更多选择，但总是做出错误的决策；拥有更多信息，但总是对重要的细节视而不见；能够快速行动，但总是鲁莽行事。

抱怨这些趋势已是老生常谈；哀叹互联网世界中让我们感到迷惑、分心、健忘和疲惫的所有方式也很容易。但本书不是讲这些抱怨，不是讲智能手机如何使我们更加愚蠢，也不是哀悼进入数字时代之前的天堂。

相反，这本书讲述的是如何设计屏幕让我们更加聪明，它是能够改善我们数字生活的一种行为解决方案和实用工具。它讲述的是，导致人们购买错误医保方案和花 415 美元乘坐出租车的科技趋势，是如何变成强大的数字化机遇的——这一切都建立在我们如何在智能手机、平板电脑以及个人电脑上进行思考和选择的最新研究之上。

这里有 3 个潜在解决方案的示例：

- 如果你想要鼓励人们选择最佳医保方案，或者从你的网站上购买到合适的产品，那么或许可以考虑一下温布尔登网球锦标赛和“疯狂三月”男篮锦标赛[①]的比赛模式——不要一次性地把所有选项都提供给人们，而是将最好的选项分成不同的组。由蒂伯·博赛德斯（Tibor Besedes）领导的研究显示，这能够大幅提升决策能力。

- 如果你想帮助情报分析员避免屏幕盲点，那么缩小视图并提供较少的场景细节通常会有一定的效果（一项在以色列进行的实地研究表明，提供不太详细的反馈信息，会大大改善投资者做出的决策。我打赌，这也同样可以帮助无人机操作员）。这项措施不只是给人们更少的信息，还涉及利用信息压缩技术帮助我们应对受限的注意力。
- 像 Uber 这样的公司，可以通过在其网站和 APP 上故意采用丑陋字体（这与信息应该总是尽可能加工得容易处理的普遍看法相悖），让消费者更好地了解相关要求，从而避免激怒他们。同样的手段可以被用于弥补数字化阅读的鸿沟。许多研究表明，我们在屏幕上阅读的效果比在纸上阅读差得多。

以上只是给企业和政府提出的几点建议，让它们利用行为科学的工具和技巧来改善人们的网络行为。书中还有更丰富的案例，因为我相信，**我们正处于一个巨大的机会交点：通过充分利用本书中的实践研究，我们能够大幅提升数字化决策的质量。我们能看得更清晰、学得更广泛、后悔得更少一些。**

打造更聪明的屏幕，你必备的行为工具箱

为什么我这个行为经济学家要写这本书呢？我穷极一生研究人们所犯的错误，这样也许就能避免重犯。例如，在我和著名行为经济学家理查德·泰

① 即全美大学体育协会（National Collegiate Athletic Association, NCAA）一级联赛男篮锦标赛，因为大部分比赛都在 3 月进行，俗称“疯狂三月”。——译者注

勒（Richard Thaler）的研究中，我们使用心理学理论帮助 400 万雇员利用“为明天多储蓄”（Save More Tomorrow）计划，显著提高了他们的储蓄率。令人遗憾的是，我们用了 15 年的时间才影响到这些人。更糟糕的是，仍有数百万美国人没有得到帮助，他们还没有存到足够的钱。我常常为这一过程进展缓慢而感到沮丧。

我希望能够利用科技的规模性在更短时间内帮助更多的人。毕竟，如果想要影响 21 世纪的市民和消费者，你并不需要挨家挨户去敲门或是在大街上把他们拦下；你可以在网上和他们交流、互动，只要在数字世界可及的范围内，你就能轻而易举地迅速联系到大量人群。事实上，人们在屏幕上的行为会很容易受到影响，因此我相信我们有机会帮助更多人更聪明地思考和更具智慧地决策。

然而，需要注意的是：要利用这些数字化助推，就要按照新网络环境来改造它们。尽管我们假装自己的大脑没有被科技改变，但是新证据显示，这些华丽的发明正在潜移默化地从各个方面转变人们的行为模式。并且，这些转变通常具有预见性，能让我们预见到人们在手机、电脑等设备上会如何行动，以及如何回应我们的干预。我们甚至能够解释数字化行为中一些持续出现的怪癖。例如，为什么人们在平板电脑上购物时更看重商品本身；为什么人们在电脑上进行有“美国高考”之称的 SAT 测试时得分较低；为什么人们在网上下单选择的比萨热量更高。最终结果是，我们需要为数字时代更新行为工具箱。至少当你想在屏幕上用正确的方式助推他人时，这本书将会给你提供所需的工具。

我先明确一下：并不是说你的大脑被智能手机改造了，人类的进化历经几百万年，不太可能在一二十年内就完全转变。不过，对比线上和线下的行为，有很多不同点是与此相关的，这应该在屏幕的设计中体现出来。既然所有的商业都是数字化的，且几乎每个消费者都在他们的数码产品上做决策，正确地设计这些数码产品就变得至关重要。信息的媒介和决策过程已经改变，我们的干预与助推手段也应该随之改变。

当然，这一切都还是崭新的研究，这也意味着我该发布一些免责声明。本书中的一些研究直接对比线上和线下行为，而其他一些研究则是启示性的。当所举的证据更多是推测性的时候，我会讲清楚；还有，我列出的行为工具并不会解决每一个数字化问题。尽管我们可以设计屏幕，让人们利用它更容易地处理信息过载或者选择更好的保险，却无法完完全全地消除线上错误或者抚慰每一个不满的 Uber 乘客。

科技革命提供了一个难得的机会，让我们从根本上重新考虑该怎样思考与生活。你之前可曾想到过，有一天，许多重要的军事决策将会在电脑上做出，网站的页面设计将决定数百万美国公民医疗保险和养老保险的选择，智能手机将会是我们绝大部分人晚上最后和早上最早应用的工具？

我们正生活在一个越来越多的事物都由 0 和 1 组成的世界，生活中越来越多的活动都在屏幕上进行。这本书将帮助我们利用这一时刻，确保我们不会将数字革命的无限可能白白浪费。

让我们开始吧！

01

物理屏 VS. 心智屏，心智屏才是重点

THE SMARTER SCREEN

信息过载导致注意力稀缺，这一行为规律会在各种屏幕上被进一步放大。富足变成了一种诅咒，我们正淹没在信息洪流里。这意味着让人们看到你希望他们看到的信息，是一项价值连城的本领。未来，属于能够掌控注意力的人。

THE SMARTER SCREEN

Surprising Ways to Influence and Improve Online Behavior

Booking为什么能抢走希尔顿酒店1/4的收入

我想从一个故事开始说起。这个故事发生在还没有互联网的20世纪90年代初，讲的是有个人想在克利夫兰酒店订一个房间。那时，他有几种不同的预订方式。

也许这个人有一个值得信任的旅游中介，于是他直接打电话给这位中介，说自己想要在机场附近订一间舒适的三星级酒店房间。中介记下他的喜好，查看存档，然后拿起电话致电酒店。对于中介的服务，酒店需要支付10%的佣金。

或者，我们勇敢的旅行者可能会亲自预订。如果以前没去过克利夫兰，他就需要一本旅游指南。可能是*Fodor's*，或者*Let's Go*，或者当地AAA办公室提供的其他指南——在这种情况下可谓没有指南，预订艰难。

快进到今天，我们的主人公很可能会依靠互联网来进行酒店预订（过去15年，旅行社雇用的旅游中介减少了大约55%）。他打开Google，搜索“克利夫兰机场酒店”，几毫秒之后，电脑屏幕上就充斥着搜索结果。

然而，你如果仔细看一下屏幕就会发现一些奇怪的事情，前面的搜索结果指向的并不是真正的酒店网站，而是主导着整个酒店预订市场的在线旅行社（Online Travel Agent, OTA）。想想 Booking.com、Kayak、Expedia 或者 Hotels.com，这些网站并不运营或者拥有酒店，它们只是简单、纯粹的中介，就像线下的旅游中介一样。它们所做的只是从酒店网站获取图片和相关信息，然后根据用户的喜好进行整理排序。你所在意的酒店的位置、价格、星级以及是否带泳池和免费接机等问题在这里都可解决。

那么问题来了，你估计这些在线旅行社会收取多少佣金呢？请注意，它们只是帮助客户对给定区域的所有酒店进行搜索，是一种结果的聚合者，并不需要像酒店所有者一样购买土地、建造酒店，以及支付大笔物业管理费和客户服务费。它们的成本主要是数字广告，因此，就会寻求在数字设备上吸引你注意力的方法。当然，一旦获得了你的注意力，锁定了你的目光和点击之后，它们就可以把这些注意力卖给酒店。

那么，你认为你的注意力的价值是多少呢？在线旅行社对于每次预订又会向酒店收取多少佣金呢？

我最初的猜测是 5%，但这似乎也有点高。毕竟线下的旅游中介还需要直接和客户打交道呢。他们需要花时间来了解客户的喜好，帮其找到合适的酒店。这样的服务他们平均只收取 10% 的佣金。而在线旅行社只需要依靠算法就能完成所有工作——不需要与人打交道。看上去这似乎是一个通过网络来降低商业成本、消除中介，从而让世界变得更高效的典型范例。

但是我错了。事实上，我差了 5 倍。令人震惊的事实是：在线旅行社收取的佣金比例通常是 20%~30%。想想看，当你通过 Expedia 或 Priceline 又或 Travelocity 进行酒店预订时，四晚中一晚的房费就归在线旅行社了。它们没有帮你换床单、加热泳池或者补给房间内的迷你吧，更不用还贷款和支付员工工资，却拿走了酒店收入的 1/4。

在线旅行社是如何做到的呢？为什么酒店要付给它们这么高昂的佣金，尤其是当酒店自己的网站也提供了同样的服务时？

THE SMARTER SCREEN 多屏时代的商业机会

问题的答案揭示了 21 世纪一个有趣的真相。在线旅行社的盈利模式是基于两个屏幕信息的不匹配：一个是物理屏——我们每天盯着的那些数字屏幕所呈现的信息；一个是心智屏——那些我们真正关注的信息。这些网站的高佣金初看很荒谬，但是它们给大家提供了一个在线上更好地思考和选择的机会。本书的观点就是，这样的机会无处不在，但只有当你知道如何发现它们时，它们才会显现出来。

注意力，21 世纪最有价值的资源

在互联网还没有普及的年代，预订酒店的最大挑战是获取有用的信息。要找到酒店的电话号码都成问题，更别提客房照片了。我们可以说是在盲选，所以就特别依赖旅行社来帮忙做决定。

但如今呢？我们正淹没在信息中。在 Google 搜索栏里简单输入“克利夫兰机场酒店”，就能得到 500 多万条链接。就算我们只浏览前几页的搜索结果，要从中做出选择也不容易。是继续住假日酒店呢，还是喜来登酒店的性价比更高？因为网上并没有明确的答案，我们就需要流连在一个个网站上，比较图片、搜索相关细节。太多的用户评价让整个检索过程耗费心力，我们不禁怀念有旅游中介的日子。

不用说，光检索一个克利夫兰酒店，Google 就能反馈出超乎想象的链接数目，而这只是信息革命带来诸多深刻变化的小小一例。我想到一个比喻能帮助我们思考这个信息时代。就像所有的比喻一样，这个比喻并不完美——它很可能低估了我们正在经历的变化幅度，但我想它能帮助人们了解由数字革命触发的取舍。过去，数据流就像未拧紧的水龙头漏下的水滴，信息量非常小，导致大多数人对信息都有极度的渴望，因而有过剩的注意力去处理信息。但随着约翰内斯·古登堡的出现，印刷术开始快速发展，到了 20 世纪中叶，信息流已经变成了厨房水龙头下源源不断的水流。

接下来，计算机改变了一切。20 世纪 80 年代，信息量开始呈指数级增长。如果将 2010 年美国邮政总局运送的邮件信息加总，信息量之和几乎达到 5 兆亿字节。Google 需要花费一个漫长的下午才能处理完这些数据。① 观察一下身边的人际交流，你会发现情况也是如此极端。根据马丁·希尔伯特（Martin Hilbert）的一项研究，人们每天产生的双向交流信息量，包括电话聊天、电子邮件、短信，已经从 1986 年的相当于两页报纸，增长至 2010 年的相当于整整 20 份报纸。这就好像厨房水龙头已经被高压消防水龙带取代，迎面冲出的是数据洪流。

用消防水龙带打比方的关键在于，它的流量（加仑 / 分钟）比厨房水龙头高出了大约 125 倍。但是这并不能转化为喝水能力的增加，事实上，这样

① 根据 IBM 数据科学家的最新估算，当今世界 90% 的数据诞生于最近两年。

一来我们喝到的水反而更少了。人的嘴只能张到那么大，不论多少水迎面冲来，我们一次也只能咽下那么几口，无法喝到更多。

人脑的运行方式也是如此。限制我们可以处理的信息量的因素往往不是屏幕所显示的内容的多少——屏幕上的信息量几乎总是超过大脑可以接收处理的能力范围，真正的限制因素是稀缺的注意力，因为我们不能同时处理更多的事物。获得诺贝尔奖的心理学家赫伯特·西蒙（Herbert Simon）是最早发现这一现象的人之一。

1971 年，在信息时代刚刚起步时，西蒙就意识到信息增长会引发大量心理学上的后果。他曾写道："在信息充足的世界里，富足的信息量意味着其他事物的稀缺，这种稀缺就是处理信息造成的消耗。"对西蒙来说，处理信息所要消耗的事物"显而易见：消耗的是接收者的注意力"。此外，由于注意力缺乏弹性，人脑同一时间只能注意一定量的信息。"信息的富足造成了注意力的稀缺"。因此，人们在选择接收和思考的内容前要做出艰难的选择。

虽然西蒙的话现在看来很时髦——有关"注意力经济"的讨论越来越多，但他写下这些话的时候远在计算机普及之前。在还没有电子邮件、Google 搜索、智能手机或者苹果手表的年代，他就已经开始为信息过载而担忧。那时的报纸还不会每过 5 分钟就去更新头条新闻。换句话说，西蒙所定义的"信息富足"相比今天而言，只称得上"信息匮乏"。这显然意味着信息和注意力之间的关系正走向极端。**信息的富足导致注意力的稀缺，这一行为规律如今在各种屏幕上被进一步放大。**

颇具讽刺意味的是，随着信息时代的到来，我们面对信息却更加无力。

我们的注意力已经消耗殆尽，如果拿消防水龙带作比喻，那就是我们已经浑身湿透，却依旧干渴。如果你想为现在的集体注意力稀缺找些证据，只要给人们做一个简短的测试来确认他们能否集中注意力即可。这样的“注意力过滤器”现在已成为那些在屏幕上进行的社会科学研究中的一项标准协议，以确保受试者确实在阅读文本并且遵守指令（在我的研究中，我会排除未能通过过滤器测试的受试者）。

THE SMARTER SCREEN　过滤器测试

我们根据丹尼尔·奥本海默（Daniel Oppenheimer）和同事在 2009 年发表的论文中首次提到的过滤器测试，做了一个微调版本的测试。请阅读下面文字并根据指示操作：

大多数决策理论认为决策不可能在不受外界影响的情况下发生。个人偏好和知识面，以及其他情况的变化，都会影响决策过程。为了进行一项有关决策的研究，我们想了解一些关于您——决策者的一些要素。具体来说，我们想知道您是否真正花时间阅读了说明；如果没有，我们的一部分问题就会显得不明确。现在，为了表明您认真阅读了说明，请不要回答下面这个问题。

我外出就餐时，就算不确定自己是否喜欢，也愿意尝试餐厅供应的最不同寻常的单品。

A. 同意

B. 有点同意

C. 有点不同意

D. 不同意

> 这当然是个刁钻的问题：如果你回答了，那么显然你没有足够注意说明中的内容。有多少人没有通过“过滤器测试”？结果是令人沮丧的。奥本海默和他的同事给每组 480 个受试者分发了纸和笔进行注意力过滤器测试，每次总有 14%~28.7% 的人没有通过测试，具体通过率取决于这些人参加测试的意愿。而当科学家找了 213 人在计算机屏幕上做类似测试时，淘汰率竟高达 46%。在一项实验中，科学家发现只有忽视那些没有通过过滤器测试的受试者，才能复制在计算机上进行的经典行为科学实验的结果。我们天生就容易注意力涣散，当面对屏幕思考时更是如此。

让我们暂停一下，想想这一发现意味着什么。你在屏幕上完成过多少调查？你被问了多少问题？我想答案一定是很多。而注意力过滤器得到的数据则意味着，这些调查得到的大部分回答都是来自三心二意的人们。他们的回答未必靠得住，因为他们并没有花时间阅读问题。

这又把我们带回了在线旅行社超高佣金的话题。在线旅行社意识到我们可能已经在过载的信息和选择中不知所措，知道我们不想在杂乱无章的 Google 搜索结果中继续浏览，或者不想再花时间查看每个酒店网站。因此它们帮我们简化一切：直接买下搜索页面上所有的置顶广告位。如果你尝试搜索任何城市里的任何一家酒店，我保证搜索结果的第一条一定是一家在线旅行社。其中，Booking.com 就是在 Google 上花钱最阔绰的公司之一。每当有人在 Google 上点击“纽约酒店”字样的广告链接，Booking.com 就会向 Google 支付 7.68 美元。一旦点击了某个在线旅行社的链接，该网站就会根据一到两个我们认为最重要的变量，帮助我们对数不清的酒店选项进行排序。简单来说，这些网站就是为那些不堪信息重负之人量身打造的。这些人不知道如何应对消防水龙带喷涌而出的旅行信息，他们在搜索栏输入“克利夫兰机场酒店”后，面对弹出的 500 多万条链接会感到不知所措。

这听起来当然不错——我觉得在线旅行社确实好用，但这并没有解答更深层次的谜团，那就是在线旅行社是如何大摇大摆地拿走高达 25% 的佣金的。

要回答这个问题，就必须牢记宏观经济学的一堂基础课——金钱总是追逐稀缺性。这就是为什么钻石比金子更值钱，而金子又比石英值钱得多；这也是为什么任何资源的价值，不论是钚还是原油，每当供不应求时，就陡然上升。财富源于稀缺性，而最富有的人总是第一个注意到稀缺性。

21 世纪究竟缺什么？答案并不是克利夫兰的酒店客房，也不是那些客房的信息。一如西蒙所预测的那般，太多的可能性造成了注意力的严重稀缺。在线旅行社的成功之处正是帮助我们应对了这种稀缺。

在信息时代，诸如洲际酒店或是希尔顿酒店这类业已成名的旅游业品牌都面临着发展停滞。它们清楚地知道自己的收入正被 Booking.com 和 Expedia 等在线旅行社瓜分，也意识到不能坐视 25% 的收益就这样无止境地被别人收入囊中，不过它们坚信事态会变化，消费者会到自己的网站预订房间（大多数连锁酒店如今提供“最优价格保障”，承诺消费者如果在酒店官网上直接订房就能获得最优惠的价格）。然而，人们还是依赖在线旅行社。2013 年年末，在线旅行社的酒店预订份额飙升，增长幅度达到了酒店官网预订量的 2.5 倍。按照目前的趋势，在线旅行社的佣金在不久的将来超过 50% 也不足为奇。这当然也意味着酒店的大部分营收会流向这些数字中介的口袋，而获取注意力也将比实际提供住宿更有价值。

人的注意力已经成为“21 世纪的低硫原油”。如果可以控制人类注意力的杠杆，那么你几乎可以获取任何想要得到的东西。

神奇数字不再是 7±2

几个月之前，我走出会场时想到了一个很棒的点子，一个非同寻常的好点子，算是近几个月中想到的极好的点子之一了。但是接下来的故事并不是讲这个点子的，而是关于之后发生了什么。当时我刚刚结束在纽约市召开的一场会议，正要返回酒店。在此之前，这条路我已不知走了多少次：我知道如何走到地铁站，在哪里等车，以及从哪里下车。

然而，在那个下午，我犯了一个低级错误。当时我满脑子都是那个非常棒的新点子，并且忙着把它备忘到 iPhone 上。然后不知怎的，我游荡到了车站的另一边——我要乘坐去往市中心的地铁，但却走到了去往郊区的月台上。稍显窘迫的我离开了去往郊区的月台，又买了一张地铁票，并继续思考那个新点子。

然后，我又犯了同样的错误，再一次等候开往错误方向的地铁。结果，由于注意力被新点子极度分散，我被迫为同一次行程买了三张票。

这是认知最常见的一种偏差。当我们在思考更重要的事情时，就会犯一些小错误，对于绝大部分人来说，这样的情况一天中会发生很多次。比如，也许你一门心思想着午餐，结果误读了一封邮件；也许你注意力过分集中于手机上，以至于走路撞到墙；或者在该停车的地方没有停下来，甚至坐上了相反方向的地铁。由于大脑的思考能力有限—— 一次只能注意到特定数量的事物，因此我们经常会对这个世界上很重要的细节视而不见。

乔治·米勒（George Miller）是首批研究这些先天性大脑限制的心理学家之一。1956 年，在麻省理工学院无线电工程师协会（Institute of Radio Engineers）召开的一场会议上，米勒在一篇颇具影响力的论文中提出，大脑事实上是一个受限的机器，深受短期记忆的限制。他的论文题目《神奇的数字 7，加或减 2》说明了一切，他称人们在任意时间只能够记住 7 ± 2 条信息。这也是我们生活中常见的数字号码长度都差不多的原因所在，如车牌号码、电话号码等 。它们要是再长一点，我们可能就记不住了。

米勒的这篇简短论文揭示出了人类大脑处理信息的瓶颈。随着时间的推移，科学家在测量这些瓶颈方面已做得越来越好，并将人类大脑这台“计算机”受限的各种方式一一呈现了出来。我希望可以在思考重要想法的同时，还能够在手机上做笔记，同时确定地铁的方向。但是，我做不到。如果我将来想要避免在买地铁票上浪费时间和金钱，就应该开始承认局限性，认识到注意力资源的有限程度比我愿意相信的程度还要低。我们很快就会看到，同样的大脑限制，对于各种各样的活动都有着至关重要的影响，不管是在数字时代驾车还是护理病人。

行为自测
THE SMARTER SCREEN

下面是一个被称作“阅读广度训练”的练习。该练习是从梅雷迪思·达内曼（Meredyth Daneman）和帕特丽夏·卡彭特（Patricia Carpenter）发表于 1980 年的一篇论文中提出来的。我将向你展示从他们的训练中摘出来的一些句子。请你放声将它们朗读出来，并尽力记住每句话中加粗的词语。

- 最终，当他睁开眼睛的时候，眼中没有胜利的光芒，也没有**愤怒**的阴影。
- 出租车最终出现在密歇根大道，在那里，他们能清晰地看到密歇根**湖**。
- 成大事靠的不是一时冲动，而是一系列小事的**叠加**。
- 锻炼头脑的一种方式是习惯性地组织清晰、准确的**想法**。
- 音符量变的结果，就是无限靠近艺术至高无上的境界：**简洁**。
- 他的父母无法理解他为什么想在自己的右**肩**上文身。
- 这位主任一直以来都很受欢迎，直到员工听说了他的**婚外情**。

读完了吗？现在随便找个东西盖住上面内容，然后按照读的顺序将每个句子中加粗的词语写出来。

这个测试很难，对吧？尽管米勒认为短期记忆的能力大约为 7 个，但是阅读广度测试呈现出的结果要低很多。依据大部分研究，放声朗读时，我们能记住的最终单词只有三到四个。不只是阅读广度测试，心理学家随后想出了测量我们能够注意到的信息量的新方法，也就是所谓的工作记忆（Working Memory），他们发现米勒的神奇数字太过乐观。在几篇很有影响力的论文中，心理学家纳尔逊·考恩（Nelson Cowan）指出，真正的神奇数字事实上只有 4±1——大部分对工作记忆的测试显示，每当位数（字母、单词、数字、颜色等）超过那个量的时候，我们就开始错过重要信息了。

工作记忆

一个容量有限的系统，用来暂时保持和存储信息，是知觉、长时记忆和动作之间的接口。

这是一项发人深省的研究。我们喜欢将

自己想象为普罗米修斯般最具智慧的存在，认为人类大脑是已知世界中最令人惊奇的机器。但是当开始探究信息处理的规范时，你很快就会发现，我们会被自己的不足所限制。因为生活在一个充斥着信息的世界里，又因为大脑只能处理其中极小的一部分，**我们往往是被迫选择要去注意的东西。与屏幕上的数据多少没有关系——我们仅能注意到大约 4 条信息，其余的都是噪音和无用的像素。**

神奇数字之小对于我们如何选择有着非常大的影响。仔细思考一下下面的实验。

THE SMARTER SCREEN 大脑带宽受限实验

你坐在实验室的一个房间里，一名科学家走进来说他要进行一项关于人类记忆力的研究（他其实撒了个小谎，事实上他在研究你受限的大脑带宽）。这名科学家让你记住一个 7 位数，并要求你去走廊另一个房间测试你的记忆力。在路上，你会经过一个小吃车。小吃车上的食物也是测试的一部分。你需要在一块嵌有樱桃的巧克力蛋糕和一碗水果沙拉中做出选择。你选择哪一个?

现在，让我们重新做一下这个实验。唯一的区别就是，这次大脑的任务简单许多，你需要记住的数字从 7 位变成了 2 位。接着，你沿着走廊走下去，并在蛋糕和水果沙拉之间做出选择。你也许不觉得数字的位数会对你的选择有何影响，但是你错了。当两组不同的记忆结果统计出来的时候，科学家发现了受试者行为上惊人的转变。需要记住 7 位数字的人中选择蛋糕的有 63%，相较之下，需要记住 2 位数字的人中仅有 41%。该结果在那些冲动性测试成绩较高的受试者中体现得更加极端，需要记住 7 位数字的人中选择蛋糕的有 84%，而需要记住 2 位数字的人中仅有 38%。

这两个小组为什么表现得如此不同？与亚历山大·弗多瑞辛（Alexander Fedorikhin）一起设计这个实验的斯坦福大学科学家巴巴·希夫（Baba Shiv）总结道，要记住随机的 7 位数字非常难——我们的短时记忆已经被拉伸到极限，这意味着我们没有多余的脑力资源去抵制蛋糕的诱惑。我们无法思考节食或健康饮食的好处，只能想到瞬时的满足感以及蛋糕有多么好吃。**当过多的信息造成注意力稀缺，就会发生这样的情况——仅能注意到眼前的东西。**

这并不仅仅是关乎腰围的问题。2013 年，由阿南迪·玛尼（Anandi Mani）、塞德希尔·穆来纳森（Sendhil Mullainathan）、埃尔德·沙菲尔（Eldar Shafir）和赵佳颖等心理学家组成的研究小组，在发表于《科学》上的一篇研究论文中指出，认知资源的缺乏也有助于解释穷人做出的那些糟糕的决定。比如研究表明，社会经济地位较低的人，比较容易出现不坚持服药、约会不守时或者直接失约、工作时注意力不集中、不会理财等情况。传统的解释认为缺乏教育是造成这一现象的根源——穷人只是不知道怎样更好；而科学家则着眼于“贫穷背后的心理活动”，他们认为贫穷是一种耗时耗力的状态。“长期考虑紧张的预算”让人们没有多少注意力资源去制订长期计划。“贫穷不仅仅意味着要应对金钱的稀缺，还要同时应对认知资源的稀缺。”他们写道。科学家估计，贫穷对认知的影响基本上相当于一整夜没有睡觉，或是智商测试分数下降 13 分。①

① 想了解更多相关内容，推荐阅读由湛庐文化出品、浙江人民出版社出版的《稀缺：我们是如何陷入贫穷与忙碌的》。——编者注

这些认知缺陷有着非常严重的影响。比如，众所周知，低收入人群不太可能参加 401（k）计划,因而会造成退休后存款不足。尽管有些人可能猜测，存款不足是因为收入不足——穷人一分钱都余不出；而事实上，如果穷人自动加入到储蓄计划中，绝大部分人最终都能为退休存到钱，哪怕他们可能随时选择退出。这表明，这不仅仅是钱的问题，因为钱总是可以找得到；这其实是能否找到大脑容量为将来做计划的问题。

并不仅仅是穷人会受到大脑受限属性的影响，即使是美国总统也得重视注意力稀缺的问题。在接受《名利场》采访时，奥巴马承认自己仅穿灰色或是蓝色的西装。为什么呢？因为他总要努力"削减"他的决策。"我不想决定吃什么或是穿什么，"奥巴马说，"因为还有太多其他的决策要做。"通过限制自己在服装和饮食上面的选择，奥巴马就能把注意力保留下来，将其放到更重要的国家大事上。

这把我们带回到了数字世界。考虑到我们的大脑容量非常之小——神奇数字可能一只手就数得过来，因此，在 21 世纪的今天，给大脑造成负面影响的唯一合理解释就是信息过剩。如果几个数字就足以让我们动摇而去选择巧克力蛋糕，那么一个屏幕上总是充斥着新的邮件、信息和超链接的世界会对我们造成怎样的影响呢？伦敦格雷沙姆学院（Gresham College）的心理学家格伦·威尔逊（Glenn Wilson）发现，仅仅是收件箱中有未读邮件就已经足够令人分心，以致会将你的有效 IQ 值降低大约 10 分，更何况是一个充斥着大量选择和密密麻麻文字的普通网站。既然知道了信息处理的瓶颈，那我们该如何去应对这样的网络环境呢？这个人为环境并不是我们进化而来的世界，是科技暴露出了我们的弱点。这也是在线旅行社的商业模式。

而最根本的问题就是，显示出的信息与我们能够实际处理的信息的不匹配这一现象正在持续恶化。

别再征收“认知税”

美国退役军人事务部（The Department of Veterans Affairs，简称 VA）是较早的电子医疗记录采用者。VA 医疗网络相当庞大，系统包含 1 700 多个医保站点，每年需要治疗 800 多万病人——医生就需要一种在不同地方都能够访问到病人医疗记录的方式，因此，这个电子医疗创新真可以称得上应需而生。尽管开发这个系统花费了几十亿美元，但其提高了医护质量，减少了医疗问题，特别是医药方面的错误，因此广受赞誉。作为不断发展的数字化革新的一部分，VA 同时创造了一个新系统：无论何时，当病人收到不正常的检测结果时，该系统能够自动通知该病人的医生。这个新系统的目标就是要将可能由于医生遗忘，或者检测结果文档混杂到其他文件中从而造成错失的可能性最小化。

乍看之下，医疗数据的电子化似乎是个绝佳的主意，是网络世界帮助人们补足其分散注意力的一个显而易见的例子。尽管 VA 医生仍旧要负责很多病人，但根据 VA 检察官的各种报告，这个新的电子系统至少应该能让他们从不堪重负的门诊中挤出一些效率。

不幸的是，最新研究表明，这些自动生成的“医疗警报”并没有解决漏掉检测结果的问题。为什么呢？因为警报实在太多了。根据一份由哈迪普·辛格（Hardeep Singh）博士领导的详尽分析，在 VA 医疗站工作的提供普通基本医疗服务的医生，每天要收到大约 60 多个警报，86.9% 的医生认为警报的数量过多。更令人不安的是，将近 70% 的医生称“他们收到的警报超过了能够有效处理的范围”。

这样的信息过载造成了一些现实问题，近 1/3 的医生承认自己曾漏掉检测结果而导致了医疗延误。在另一项研究中，辛格和他的同事测算了问题的严重程度，并总结出“有 7% 的异常门诊化验结果和 8% 的异常图像结果在 30 天内没有跟进”。这就意味着，由医生安排的检测再次出现“异常”结果，很大程度上不会有人再看一遍。

VA 医生的故事令人警醒。他们不断地提醒我们，从某种角度来讲，信息的数量不仅仅造成注意力稀缺，事实上它使我们剩下来的这点注意力也更难有效利用。正如克莱门特·麦克唐纳（Clement McDonald）博士在评论辛格工作时所说的那样：“如果一切都很重要，那么什么也都不重要了。”这也就是科技的用武之地。有效记忆的神奇数字一直都很小，但是我担心的是，在 21 世纪，它正变得越来越小。试想一下那个消防水龙带的比喻——如果你的脸上每分钟被喷约 95 000 毫升的水，我打赌你实际喝到的水比从正常水龙头那儿喝到的还要少。富足变成了一种诅咒。

这种取舍说到水就很容易理解，然而我们通常无法认识到这种取舍同样适用于大脑，因此，信息量的增加事实上会导致信息处理量的减少。也许这个现象最常见的例子，就是当我们开车时还要尝试做别的事情。很显然，在高速公路上发短信是一种极其糟糕的行为，因为我们的视线被屏幕和道路分散了。这也是为什么美国 44 个州和哥伦比亚特区都有严禁开车时发短信的规定。

如果使用免提呢？那就应该可以了，对吗？可惜，事实证明，即使是短时间打电话也能极大地影响我们的注意力。美国犹他大学的戴维·斯特雷耶（David Strayer）和其同事进行的一项模拟驾驶的研究中发现，受试者在打电话时，“未能看到多达 50% 的驾驶环境，其中包括行人和红灯”，而且他们闯红灯的可能性高了 10 倍。斯特雷耶及其同事所做的另一项实验发现，边打电话边开车的人的反应，比血液中酒精浓度达到法定上限的司机的反应还要慢。

是什么造成了这些智力缺陷呢？科学家们将其怪罪到无意视盲（Inattention Blindness）上面。

每当大量信息涌向大脑，超过我们处理信息的能力时，这个盲区就会出现。结果就是，这些驾驶员的感官世界似乎缩水了，盲点不知从什么地方就冒了出来。因此，我们闯红灯并不是因为没有看到它，而是因为没有注意到它。即使一个日常行为也会变得极其危险，因为我们的注意力用尽了。大脑就像一个挣扎着想运行新系统的旧电脑一样。

无意视盲理论对于网络世界有着显而易见的影响。它表明充满过多信息的屏幕事实上会削弱我们处理信息的能力。正如驾驶员没法边说话边注意路况一样，人们也很容易被电子设备里冲出的各种数据淹没。加利福尼亚理工学院的神经经济学家们最近进行的一项研究显示，消费者在“认知负荷”（Cognitive Load）严重的情况下，也就是被赋予一项非常难的记忆任务时，更倾向于选择容易感知到的食物，即使他们所选的食物与他们真正喜欢的食物相冲

无意视盲

当人们把自己全部的视觉注意力集中到某个区域或物体上时，就会忽略那些他们不需要看到的东西，尽管有时那些不需要看到的东西是很引人注目的。

突。也就是说，**他们可用的注意力过少，以致无法选择真正想要的，而勉强接受了能看到的。糟糕的决定导致了最终的结果。**

有解决办法吗？在研究贫穷对认知的影响时，阿南迪·玛尼和他的同事坚持认为，制定政策的人应该尽量不要在最穷的人身上强加“认知税”。我们应该认识到，注意力正在变得越来越稀缺，即使是看起来毫不费力的脑力工作，比如填写报税表，事实上也可以将我们彻底耗尽。这意味着，政府在任何可能的情况下，都应该大力简化信息的呈现形式，并限制选项数量。与其给穷人过多的选择（healthcare.gov 为人们提供超过 150 个选项），不如设计一些巧妙的默认值。表格应该尽可能进行预填写，而且人们应该及时收到提醒。“正如避免在穷人身上征货币税一样，制定政策的人应该注意不要在穷人身上强加认知税。”玛尼与其同事写道。

我并不是在假装知道一切答案，也不是说我知道怎样去解决这个顽症，因为显然我也没有答案。但无论如何，我们可以做出一些大的改变，从而让人们从“21 世纪的消防水龙带”中汲取水分变得更加容易。

我们要善用压缩技能。乔治·米勒的见解之一是人脑拥有一个能扩展其注意力带宽的巧妙技能。尽管我们在任一时间内只能注意到几比特的信息，但同样可以将那些信息进行组块处理。例如，我的女儿玛雅（Maya）喜欢玩我的 iPad，但她很难记住我的随机数字密码。于是我们想出了以下办法，这个办法很有效：现在我的密码是她名字的字母在手机九字键盘上对应的数字拼写（6292）。由于这些数字组成了一些她已经熟知的“数据块”，即她名字中的字母，因此，对她来说，记住其余的信息就会很简单。

认知负荷

表示处理具体任务时加在学习者认知系统上的负荷的多维结构。

尽管米勒认为，通常来说，组块是经验的附属产物，但很显然，好的设计也能够加快学习进程，就像一个高效的驾校教练。通过使大脑接触有效的捷径，也就是向我们展示如何压缩信息，有可能加速组块行为，从而使我们有限的注意力不再那么脆弱。有时，这就像借助图片讲故事（一张好的图片可能胜过千言万语），或是将许多选项按类别有效分组一样简单（我们将在第 7 章讨论帮助消费者做艰难决策的有效策略）。

我们也应该更愿意舍弃一些信息。在线旅行社，例如 Expedia 和 Booking.com，它们的基本洞察之一就是少即是多，这也是它们仔细控制在屏幕上显示的酒店信息数量的原因。因为消费者已被各种选项淹没，因此必须在决策过程中引导他们，给他们提供简单的类别以及大大的购买键。这些网站不是要告诉消费者一切信息，而是鼓励他们选择最重视的单一变量，比如位置、价格等，然后过滤选择。

太多的酒店网站还没有认识到这个问题，绝大部分连锁酒店试图通过在其官方网站上增加功能、在屏幕上填充更多信息来赢回线上消费者。伦敦科林西亚酒店（Corinthia Hotel）的网站就是给潜在客户提供各种看似相关的信息，从房间面积到房间是否有咖啡机，还有大楼的视频导览，并用一整个栏目来宣传当地旅游景点。虽然这些都是好心做的“额外事物”，但是每一个新功能都是有代价的——使得潜在客户的注意力更加稀缺。我更喜欢科林西亚酒店简化了的移动版网站，在移动端上更容易找到酒店的电话号码并进行预订。当然，当消费者不堪重负时，他们更可能回到在线旅行社的网站，因为那些网站是围绕着人们注意力的缺陷而设计的。

组块

在心理学中为了方便记忆，人们把一些要记忆的东西加以分类或加工，使之成为一个个小的整体。

稀缺就是机会所在

这里有一个更大的课题：我们需要把注意力当作一种真正的资源。在20世纪，有人从房地产和油井上发了财。**到了21世纪，财富则属于那些控制了注意力的人**。就如我在2014年底写的，这就是为什么从市场资本来说，苹果公司已经超越埃克森美孚成为世界上最有价值的公司（在同一天，微软位列第二或第三，Google位居第四），这也是Expedia的价值比洲际酒店集团还高出70亿美元的原因。

如果我们把注意力看作一种真正的资源会发生什么？我想我们就有了更好的方法对它进行估值。毕竟，注意力的价值在互联网上已经十分明显了。

- Google提供了免费的邮件服务，但是你要容忍它的定向广告；
- Spotify用庞大的音乐库来换取简短的广告播放；
- 亚马逊卖给你打折的Kindle，但是你得看它的促销广告。

在所有这些例子中，我们用记忆力和眼球来换取打折的小玩意儿和免费的在线服务。这里我想做的是，寻找一种方法来对注意力估值。

在一项还在进行中的临床实验中，来自美国加州大学洛杉矶分校的研究团队给参加实验的女士们每人一部智能手机。这些手机能够跟踪她们的运动情况，并对她们是否摄入了足够的果蔬之类的相关健康问题进行监测。研究人员得到了非常满意的效果，因为这些得到手机的女士们的血压、胆固醇以及压力和焦虑水平都显著降低了，也养成了更为健康的饮食和锻炼习惯。

我觉得该项研究有一个显见的延伸：我们应该免费赠送一些智能手机给用户，来换取他们的一小部分注意力，向他们发送诸如健康生活或者注意危险之类的提醒信息。关键在于，他们购买手机之前，这些信息并不会对他们的行为触发多大变化。美国有将近 1.5 亿劳动力，一部无合约高档智能手机售价 500 美元，如果给每个工人购置一部新手机，大约要花费 750 亿美元。即使这样，这个数字也远小于这些新智能手机可能预防的有害健康行为带来的损失。例如，发表在《内科医学年鉴》（*Annals of Internal Medicine*）上的一篇论文显示，每年由于患者的非正常服药给社会带来的损失大概在 1 000 亿 ~2 890 亿美元（据估计，将近一半慢性病处方药并未按照处方服用）。同时，肥胖又直接增加了 1 900 亿美元的健康成本；酒驾造成的相关损失达 1 140 亿美元；吸烟增加了将近 2 900 亿美元的健康成本。我并不是说智能手机上针对性的信息能够治疗尼古丁上瘾，或者帮助你把节食进行下去，但是我坚信技术可以填补空白，减少那些代价昂贵的社会问题。事实上，这些社会问题的代价如此之高，以至于在不远的未来，如果雇主和保险公司开始赠送免费智能手机或其他小物件，来换取用健康提醒烦扰我们的资格，我也不会奇怪。以后医生的一项工作就变成了 APP 医生，帮助病人确定用哪款数字工具来改善健康。如果我们可以得到正确的提醒，智能手机就能够改善我们的生活。我不知道你怎么想，但是我很乐意忍受一些手机上的烦人信息来把节食进行下去。

此外，我相信把注意力看作一种有价值的资源可以带来一个附加的好处：我们可以学习如何改善人类行为。现在，一些聪明的公司在学习如何改善人类行为时，主要是通过一种被称为“A/B 测试”的流程。

你可能已经在毫不知情的情况下参与了无数的类似实验。据《连线》杂志报道，Google 就非常倚重 A/B 测试，2011 年，该公司在它的搜索引擎上进行了 7 000 多项 A/B 测试，凡是使用过 Google 服务的用户都参与了其中的测试。

从这些测试中得到的信息通常是很有价值的。例如，在线旅行社的网页设计通过不断的 A/B 测试进行改进。有时候，这些测试可以带来重要的启示，即使变化本身是相对比较简单的。当我问一些在线旅行社管理者有关他们网站的最大“转化提升”（Conversion Uplifts，可以影响消费者行为的屏幕内容变化）时，他们都提到了网页的微调，比如增大价格字体或者改变文本颜色。因为你经常会发现，很小的变化却会对我们如何思考和决策产生很大的影响。

我认为是时候让更多的研究机构和组织参与到 A/B 测试中来了。Expedia 可以据此来测试字体大小，亚马逊可以据此来修缮网页布局，对此我没有意见，但还是希望有 APP 能据此改善人们的健康或者帮助人们节省开支。

THE SMARTER SCREEN
多屏时代的商业机会

如果我们想要帮助人们未来做出更聪明的决策，就需要懂得屏幕上的心理学，懂得在这个信息太多而记忆有限的时代人们是如何做选择的。

A/B 测试

一项可控的由大规模网络用户参与的实验，该实验有两项不同测试方案——方案 A 和方案 B。然后，通过度量这些用户的行为，设计者比较两种方案带来的影响。

当然，这种切实理解还需要依靠实验，需要很多的 A/B 测试。当我们试图明白如何才能最大化这珍贵而稀缺的脑力资源的影响力时，就需要通过发放手机来换取一个人几秒钟的注意力。

稀缺本身并不可怕，事实上，经济学有

一个基本前提就是稀缺是进步不可避免的副产品。亚当·斯密在《国富论》中就说，自然或许能满足野兽与动物的需要，但是人类追求的是不断进步，这就会引发稀缺。亚当·斯密说的稀缺是工业革命时期原料资源的缺乏，人们需要的是更多的煤、木材和土地，而在信息时代，最重要的稀缺资源是由信息富足带来的注意力稀缺。与其因这些变化感到恐慌，不如找到办法对其进行利用。

这就是下面要讲的内容。虽然在这本书中我们会谈到多个不同主题，从个性化的可能性讲到过度选择带来的问题，但是反复会提及的一个主题就是注意力的本质。我们会谈到思维在屏幕上加快了——人们眨眼间就能对网页和 APP 做出评价；也会谈到让思维慢下来的方法，这样你就可以更多地记住阅读到的东西，从而做出更聪明的决策。我们将从一些需要快速做出判断的内容开始，这些判断做得如此之快，有时甚至你自己都没有意识到；还将以设计一些帮助你停下来回溯生命中最重要事情的方法来结尾。这就是我们的弧线轨迹——从快到慢，从问题到解决。

THE 本章测试
SMARTER SCREEN

你的屏幕有没有压垮用户？

物理屏和心智屏之间的不匹配不会消失，只会一天比一天恶化。这里有几个每位数据架构师都应该问问自己的问题，以确保自己的设计不会意外压垮用户。

1. 你在设计网站布局时有没有想过注意力限制？如果大脑的神奇数字小于 4 的话，那么为什么大多数网站用几十种选择来填满屏幕？例如，亚马逊在 16∶9 的显示器上展示了 60 个不同产品的图片。的确，一个巨大的物理屏上会充斥大量信息，但我们必须记住，我们那小得多的心智屏具有巨大的注意力限制。
2. 你是否考虑了注意力的环境因素？当我们致力于多任务时，心智屏就会缩小。这里有一个明确的建议：汽车的 GPS 屏幕应该根据车辆行驶速度来调整显示信息量。当我们在红灯前停下时，屏幕可以正常显示，但如果我们行驶在高速公路上时，或许应该适时退出，什么也不显示。
3. 你有没有去找一些压缩信息的方法？我的建议是尽可能考虑使用视觉材料，比如图片或视频，而不是文字。
4. 你是否考虑过如何增加注意力？正如我们将在第 6 章讨论的，个性化的视频会比标准文本格式更容易获得关注。
5. 你做过“白板训练”吗？没有人从一开始就打算创建一个过于复杂以至于压垮用户的网站。这类网站都是随着时间推移，伴随着新功能、链接和多媒体效果的逐步增加而发展成这样的。不幸的是，我们往往对这些新增的缺点视而不见，就像陷入了“维持现状偏见”。因此，偶尔进行白板训练和设计一个只关注必要信息的新网站是非常重要的。请注意，类似 Google 这样最好的网站，总是试图剥离一切非必要的信息。

02

第一印象冲动，50 毫秒的力量

THE
SMARTER
SCREEN

数字世界如此视觉化，以至于我们很容易就滑入更依靠直觉的思考模式，总是基于肤浅的第一印象采取行动。因此，网络第一印象非常重要，网站调整它们的外观以迎合人们的无意识偏好只是时间问题。

THE SMARTER SCREEN

Surprising Ways to Influence and Improve Online Behavior

Tinder 每天 12 亿次滑动从何而来

首先，我要请你做一个实验。

行为自测
THE SMARTER SCREEN

请扫码浏览网站并看一段视频。视频包含 3 个不同的片段，每两个片段间有短暂的停顿。暂停时，请对每个片段的视觉吸引力按照 1~9 分评分（注：1 分代表最没有吸引力，9 分代表最有吸引力）。一开始你可能还不清楚看见了什么——事实上，你可能完全无法理解它，但我仍然希望你为它打分。是的，我在要求你对一个无法解释的感受做出评价。我知道这听起来很奇怪，但请你玩一次。扫描右侧二维码，打开网页后，点击“Visual Appeal: Exercise Number 1.”。

扫码二维码，开始行为自测

都做完了吗？如果你像大多数人一样，那么第一个片段实际上是察觉不到的，那个图像只闪现了 50 毫秒，快得无法被自觉意识捕获，因为一般人眨眼的速度是 300~400 毫秒。第二个片段稍微长一些，闪现了 500 毫秒，也就是半秒。即使你无法完全理解它，也差不多能看清了。最后一段我向你展示了 5 秒钟静态图像，这样你就有足够的时间来看清细节了。

奇怪的是，大多数人对这 3 个片段的视觉吸引力的打分基本上保持不变。换句话说，不论持续了 50 毫秒还是 5 秒钟，你对你所看到的给出的评价始终如一。

我们有必要花点时间思考一下这有多奇怪。通常，我们会假设美学评估是以有意识的评定为基础的，也就是说，我们需要真切地看见事物才能形成一个评价。但是以色列本古里安大学的诺姆·特拉克汀斯凯（Noam Tractinsky）和卡尔顿大学的吉特·林德加德（Gitte Lindgaard）的一系列实验证明，极短曝光时间带来的视觉吸引力评分与较长曝光时间带来的视觉吸引力评分是高度相关的（为了确保受试者并不是简单地重复他们的初始评分，在一些实验中，屏幕快照的顺序是被打乱的）。总之，**我们似乎能快速地对网站吸引力作出判断，而且即使有更多时间来观察网站，这些判断也不会有什么变化：在看清楚事物之前，我们就知道自己喜欢什么了。**

其实，这已不是什么新闻了。科学家们早就知道人是依靠无意识处理和第一印象来感知世界的（无意识和有意识影响之间的差别极小，要想精确计时需要依靠很多因素）。在一项被广泛引用的研究中，受试者观看陌生人的脸 100 毫秒之后，就对陌生人的性格特征形成了明确的概念，比如他们是否值得相信、是否激进。其他研究也再次证明了阈下启动的力量：闪烁地暗示某一主题的图像，即使没有被有意识地感知，也能够改变受试者的信念和行为（我最喜欢的一个案例是给人们展示几分之一秒苹果公司的标识，以提升他们在创造性任务中的表现）。我们倾向于将自己视为理性动物，完全了解自己的偏好和背后的理由。然而，数十年的心理学科学已清楚地证明，我们的很多选择、行为和信念，在我们还没有意识到自己的感受时就已经植根了。

我的假设是，屏幕也许可以放大人们的这种趋势。在数字化行为中，无意识的大脑所产生的更快判断会使我们受到的影响比平时更大。**网络世界是如此视觉化，以至于我们很容易就滑入更依靠直觉的思考模式。这并不是说屏幕让我们更肤浅，而是说屏幕世界让我们更容易基于这些肤浅的第一印象行动。**

当然，这只是个推测。当我把这些想法告诉我的好朋友约翰·佩恩（John Payne）时，这位杜克大学的杰出心理学家的回复与我的想法几乎一致："这个推测听起来不错，但如果至少有一个研究能证明这是正确的就好了。"

约翰是对的，我们并没有一个能证明这个推断的研究，目前我们仅有半个研究。

THE SMARTER SCREEN 屏幕测试，你答对了吗？

我和约翰在好莱坞环球影城（Universal Studios Hollywood）展开了一项实验，有 360 个参与者。我们感兴趣的是，技术是如何影响人们的思维方式的，尤其是面对要求深刻思考的复杂问题时。受试者被随机指定在手机、电脑或者纸上答题。这里是一个示例问题：

假设你储蓄账户的年利率是1%，通货膨胀是每年2%。一年之后，你买到的东西：

A. 比今天账户里的钱购买到的多

B. 和今天账户里的钱购买到的一样多

C. 比今天账户里的钱购买到的少

答案是比今天少。当通货膨胀超过利率，把钱存到储蓄账户里就是做亏本生意，至少对你的购买力来说是这样。有趣的是，当受试者在屏幕前回答该问题时表现则差很多。在手机上答题的受试者，只有45%的答对了；而在纸上答题的受试者，则有57%的答对了。在回答其他财务问题时，在纸上答题的受试者也比使用手机或电脑的受试者表现得好。

重申一遍，这是一个非常初步的结果。尽管如此，这个结果也与我的假说非常吻合：**人们在屏幕前思考得更快，因此更依赖直觉式的应答和第一印象，即便这些应答和印象可能是有误导性、不正确的。**

不过我并不认为实验是唯一的证明方式。我认为有不断增加的间接证据表明，屏幕正在改变人们思考的方式，让人们变得更加冲动和被动。首先，最常见的是对网络世界节奏逐渐变快的抱怨。比如，我们经常抱怨被需要及时回复的电子邮件所束缚；并对自己无法集中的注意力感到焦虑——从一个站点快速跳到另一个站点，从一条推文跳到另一条推文。这种焦虑也得到了网站的分析数据的支持。托尼·黑尔（Tony Haile）是帮助内容提供商了解用户阅读习惯的Chartbeat公司的CEO，他最令人惊讶的发现之一是：用户对大多数网站访问的时间都不长。

事实上，55% 的访问者阅读一篇普通文章的时间不到 15 秒。这意味着大多数访问者并没有认真阅读内容，他们只是基于对内容的第一印象做出反应，快速决定是继续看还是跳转网页。这种倾向性并不影响图片的浏览，因为浏览时间的延长也不会改变访问者的初始评价；但这对于以文字为主的网站就不是一个好主意了，因为处理这些书面信息需要时间。我们正在用速度替代深度。

这并不仅仅适用于我们所阅读的东西。Tinder 是一款非常成功的交友软件，它的机制很简单：用户先通过 Facebook 的账户登录（也是一种确认用户身份的方式），然后软件基于用户的地理位置和社交圈向其推荐可能的约会人选。当一个新的约会者被推荐时，其照片和简短的个人描述便会占满整个屏幕。

Tinder 如此受欢迎的原因在于其独创的手势：当一个约会者出现后，用户可以在屏幕上向左划（表示不感兴趣）或者向右划（表示感兴趣）。如果双方都向右划，这对新人就进入聊天模式。Tinder 的这种方式鼓励人们快速对他人做出评价，一位普通用户每分钟能够评价几十个陌生人（相比之下，大多数速配活动需要参与者花 3~8 分钟去互相了解）。这也有助于解释为什么 Tinder 每天能产生超过 12 亿次滑动。这是一个为迎合我们快速第一印象而设计的网站。既然我们在最初的几百毫秒内就对对方做了判断，又何必再花更多时间去了解对方的爱好和喜欢的歌曲呢？快速滑动就是了。

我们在手机屏幕前可能思考得更快这一现实，在消费者面对的价格上得到了极好地体现。美国东北大学的研究人员在最近一次研究中发现，很多大型零售商根据消费者是使用电脑还是手机购物来决定是否调整价格和产品组合。比如，家得宝（Home Depot）就为手机端用户提供更昂贵的物品选择。

使用电脑端搜索家得宝的产品均价为120美元，而在手机端同样的搜索得到的产品均价为230美元。我并不清楚家得宝采取这种价格策略的原因，不过如果说是因为移动端用户更冲动我一定不会吃惊。毕竟，要在手机上做物品对比并不容易。

我们在网络世界做的快速决定，无论是在Tinder上选择约会对象，在《纽约时报》网站上浏览文章，还是在家得宝官网上购买一台割草机，都带来了一个显而易见的问题：如果第一印象很大程度上影响了我们的网络决策，那这些印象是基于什么呢？什么因素左右了我们快速出现的、有时是深藏在潜意识里的意见呢？如果你思考了，那么答案是显而易见的：很大程度上是基于美学。如果我们要在50毫秒内判断一个网站，只能是对它的外观做一个评价，就像我们在Tinder上是基于陌生人的外貌来判断是否对其感兴趣一样。

研究人们在线评估能力的计算机科学家认为，我们做出的快速判断行为源于对“本能美”的感知。这是我们会对事物的外观给我们的感觉做出反应的一种诗意说法。本能是指我们经常无法解释这些感受，它们是由自觉意识之外的想法启发产生的。问题是，我们当然不能问受试者他们眼中的美和因美而产生的愉悦感是怎样的，因为他们对此也一无所知。所以，美仍旧是难以言说的谜。幸运的是，还有方法能在无须对方解释的情况下弄清楚人们喜欢看什么。

每一个用户都有自己的审美算法

几年前，现任职于密歇根大学的计算机科学家凯塔琳娜·赖内克（Katharina

Reinecke）试图厘清什么是网络第一印象。她的第一步是要弄清楚人们在不到一秒钟的时间内能注意到什么。查阅文献后，她得到了最相关的美学特征——色彩和视觉复杂度（Visual Complexity）。不久之后，她开始开发一种算法，能够自动用这两个视觉变量评估网站，并希望借此预测人们在真正看到事物之前会喜欢什么样的网站。

赖内克从色彩开始进行研究。许多研究已经表明，色彩可能会显著影响我们对网站的反应，从而切实影响我们的浏览和购物决策。

THE SMARTER SCREEN　绿色背景的汽车销售网站测试

在由娜奥米·曼德尔（Naomi Mandel）和埃里克·约翰逊做的一项研究中，受试者被示以一个汽车销售网站，并被要求选择自己想要购买的款式。一些受试者被示以红色、橙色相间背景的网站，而另一些则被示以绿色背景配以浮动的美元符号的网站（绿色是为了引导受试者思考美元和金钱）。正如预期的那样，那些看了绿色背景的受试者会以高于 31% 的比例倾向于选择便宜的车，因为颜色和货币符号使他们更专注于价格。虽然绝大多数受试者不相信网站背景颜色影响了他们的决定，但曼德尔和约翰逊得到了一个截然不同的结论。

当然，大多数网站要比这更微妙，它们不会使用明亮的绿色背景和货币符号去触发访问者金钱方面的联想。尽管如此，赖内克在思考色度和色域是否仍可能会影响我们对网站的评价。为了测量色彩的强度，她观察了屏幕上的非白色像素的数量；为了测量色域，她分析了 HTML4.01 规范中将近 16 种标准颜色的像素百分比（这使她能够评估所显示色调的相似度；符合 HTML 规范的像素的百分比较低时就意味着该网站使用了一个不寻常的调色板）。“当你看网站上的颜色时，你能看到非常多的变化，”赖内克说，“有些网站色彩非常饱和，搭配黑色背景和大量对比色，而其他网站人多是白色和很少的其他颜色。”

除了观察色彩，赖内克和同事也研究了“视觉复杂度”。比如，她猜测越不对称的网站越会让人觉得复杂，因为含有很多不同的文字区，尤其是当这些文字区在网站空间里分布不均衡时。赖内克采用基于空间的分解方式来量化这些影响因素，这个方式能够自动识别文字和图像区域（在这个模型中，大标题就是一个独立的文字区，副标题和正文也一样）。当基于空间的分析完成后，网站就被简化为一系列不同的内容区，这使得用算法计算网站的对称度和密度成为可能。

THE SMARTER SCREEN 赖内克测试 1.0

赖内克和她的同事从不同的类别中选出 450 个不同的网站，其中包括 20 个曾被提名威比奖（Webby Awards，“互联网界的奥斯卡奖”）的网站。因为她感兴趣的是第一印象，所以要求受试者都是第一次看到这些网站。242 名受试者都进行了简短的在线测试。他们看了随机从 450 个网站中选出的 30 个不同的网站，看每个网站的时间都是 500 毫秒。每个网站看完后，受试者会被要求对网站的视觉吸引力进行评分，满分为 9 分。然后，他们将再次查看这 30 个网站，网站出现的顺序与第一次不同，并再次进行评分（两轮评分中，94% 的评分保持一致，

视觉复杂度

一个美学变量，衡量给定网站的信息总量以及信息是如何展示的。

表明视觉吸引力是一个可靠的影响因素）。最后将受试者的评分平均值与由算法生成的预测值进行比较。

结果令人印象深刻。**根据计算数据，对于一个给定网站，赖内克的模型解释了审美偏好中 48% 的影响因素。这意味着，仅研究色彩和视觉复杂度，就能够解释我们对特定网站近一半的直接反应——喜欢或者不喜欢。**“这是一个很酷的发现，”她说，“它向我们展示了许多设计者认为重要的东西，比如内容和图像，实际上并不那么重要。”事实上，对不相关影响因素的错误信念，或许可以解释为什么这些获威比奖提名的网站并没有更吸引人，它们的平均吸引力并不比随机选择的网站高。因为这些设计师专注于设计上不太相关的细节，他们最终做出的网站也表现不佳。

为了帮助你理解模型是如何工作的，我希望你完成一个简短的练习。

行为自测

THE SMARTER SCREEN

扫描右侧二维码，打开网页后点击“Visual Appeal，Exercise Number 2.”，你将会看到 5 个不同的网页，每个显示 500 毫秒，我希望你仍用 9 分制来评估其吸引力。

扫描二维码，
开始行为自测

完成了吗？我给你展示的网页是按照吸引力得分从低到高的顺序排列

的，第一个页面是最没有吸引力的，在赖内克的测试中得分低于 2 分；最后一个页面是最有吸引力的，平均高于 7 分。我猜想，即使你没有足够的时间看，并且几乎看不清任何文字，也能确定最后一个设计比前面的都要好。

那么你是依据什么做出判断的呢？为什么人们认为最后一个网页的吸引力比第一个高不止 3 倍呢？

THE SMARTER SCREEN 多屏时代的商业机会

根据赖内克的研究，目前为止最重要的影响因素是视觉复杂度（复杂度的影响力是色彩的数倍）。赖内克发现，通常情况下，高复杂度（往往是有着大量文字和链接的不对称网站）和视觉吸引力之间呈很强的负相关。但这也并不意味着人们想要极简的网站，这些极简网站虽然不像过度复杂、密集的站点评分那么低，但吸引力也不尽如人意。这表明，校准网站复杂度的风险也是不对称的：网站过于简单会导致小风险，过于复杂就会产生较大的风险。但真正的美学妙处是有一个恰到好处的复杂点，例如，复杂度 4.2 分的网站的吸引力，几乎是有着更高复杂度评分的网站的两倍。

然而，即使赖内克已经发现了一种可以还原我们眼前审美偏好的方式，但她还想了解自己模型的局限性。她第一步是想找出这个模型不能解释什么。这引导她关注美学的一个不容回避的事实——对于同样的事物，并不是所有人都觉得它吸引人。事实上赖内克注意到，即使是在其简单的色彩和视觉复杂度模型中，人口特征，如年龄和教育等，也与视觉吸引力评分相关。例如，赖内克发现，教育水平与色彩的偏好水平显著相关，有研究生学历的人更喜欢颜色少一些的网站（有趣的是，那些只有高中文凭的人也同样不喜欢太多的颜色）。这种差异表明，不同背景、不同年龄的人们喜欢不同类型的网站。就像俗话说的，情人眼里出西施。

THE SMARTER SCREEN　赖内克测试 2.0

为了更好地理解这些个体差异，赖内克和哈佛大学的克日什托夫·加若斯（Krzysztof Gajos）一起收集了将近 40 000 名参与者对 430 个不同网站的 240 万份评分（为了让受试者更多样，赖内克和加若斯设立了 LabintheWild.org 网站，让全世界的人都能参与到在线实验中来）。像之前一样，每个网站闪现 500 毫秒，然后要求受试者按照 9 分制对网站的吸引力进行打分。

数据证实了赖内克的猜测：人口特征强烈影响了我们的审美偏好。事实上，这种影响非常大，即使基本的人口特征信息都能够极大地提升赖内克审美模型的表现。

首先，看一下年龄对审美偏好的影响。根据数据，40 岁以上的受试者对视觉上更复杂的网站展现出强烈的偏好。在某些例子中，差异非常明显。年长受试者对复杂网站的吸引力评分比 20 岁以下受试者的评分高了 60%。一般来说，赖内克发现年轻受试者更喜欢采用饱和色和较多图片的网站，而年长者喜欢的是以文字为主、有鲜明特色的多块文字区但色彩饱和度低的网站。

其次，说到性别，审美偏好的主要差别在色彩。对于男性，视觉吸引力评分在色值为 5.8 时最高；而女性则是在色值 6.3 时才最高。男性喜欢使用灰色或者白色作为背景的网站，而女性则喜欢采用更加均匀的色系和柔和色调的网站。

最后，赖内克和加若斯发现国籍也会对网站审美偏好产生非常大的影响。比如，墨西哥和智利的受试者喜欢的网站，其复杂度评分大约是俄罗斯受试者喜欢的网站的两倍；马来西亚的受试者喜欢的网站，其色彩评分远比芬兰和德国受试者喜欢的网站高；无论是视觉复杂度评分还是色彩评分，美国的受试者都处于中间水平。此外，这些基本的文化倾向遵循一个可预测的地理格局，也就是“地理上相邻的国家有着相似的偏好”。例如马其顿、塞尔维亚、波斯尼亚，这三个国家的受试者都喜欢色彩丰富的网站，而芬兰和俄罗斯的受试者更偏爱视觉复杂度低的网站。目前赖内克正尝试把工作扩展到乡村与城市的偏好分析上。她最初的数据表明，生活在大城市增加了我们对“现代网站设计”（以更少的颜色和更精简的布局为特征）的偏好。

THE SMARTER SCREEN
多屏时代的商业机会

在论文的最后，赖内克和加若斯总结了研究所取得的发现。设计者首次可以利用量化的第一印象模型，将他们网站的吸引力最大化；也可以使用加若斯算法，而不用反复实验或者依靠自己的审美本能，来预测自己网站的吸引力。尽管某些人群偏爱某种特定网站的原因还不清楚（加若斯怀疑一些与年龄相关的差异是由熟悉度导致的，年长的受试者更习惯于文字为主的网站），但其影响是显而易见的。屏幕上的美已不再是一个黑盒子：我们终于对偏好的网站的特点有所了解，即便我们还不能解释这些偏好。

我相信，这项研究具有重大意义。网络第一印象非常重要，网站调整它们的外观以迎合人们的无意识偏好只是时间问题。逻辑终点是形成这样一种互联网，即最好的网站和应用程序是基于用户的人口特征来定制外观的。

用户是来自波兰的一个受过教育的年长者？是，则去掉所有的颜色，并列出大量的文字和链接。用户是一个年轻的泰国男子？是，则采用鲜艳的颜色和图像（在泰国，男性受试者偏好明亮的粉红色和绿色的主题设计）。“一些公司已经开始稍稍有些明白了。”加若斯说。她随后指出，麦当劳中国网站充满了信息——迎合了中国人对高视觉复杂度的偏好，而麦当劳德国网站则非常简洁。目前这种审美的调整是由手动完成的，不过很容易想象，在未来，每个互联网用户都将拥有自己的“审美算法”，量身打造他们看到的每一个网站。正如 Pandora 根据用户喜好来推荐歌曲，Netflix 根据观影记录提出建议一样，浏览器也将可能按照我们的视觉偏好自动“重塑”网站。生命短暂，不该浪费在不美观的页面上。因为我们很快就会明白，不美观的页面会带来多少负面影响。

颜值高不代表肤浅

几年前，迈阿密大学的科学家克劳迪娅·汤森（Claudia Townsend）和加州大学洛杉矶分校安德森商学院的苏珊娜·舒（Suzanne Shu）做了一个关于美学如何影响我们投资决策的简单调查。

THE SMARTER SCREEN　企业年报，美观度与估值测试

汤森和舒让 225 个学生随机领取一份企业年报。其中一份年报有着高质量图像和清晰的布局，赏心悦目；另一份年报则远没有第一份那么有吸引力。在实验前，每一个受试者都认为前者年报的整体外观和设计更佳。两份年报的事实信息是完全一致的。细读之后，受试者被要求估计该公司最低可接受的股价是多少，实际上就是让受试者根据年报中的信息来对公司进行估值。

如果投资者是理性的，那么他们估值的依据就应该是年报的内容而不是年报的形式。但是事情并不是这样。汤森和舒发现，领到美观年报的受试者认为该公司可接受的最低股价为 327.01 美元，而领到内容一样但形式上逊色的年报的受试者认为该公司可接受的最低股价只有 162.41 美元，估值竟少了一半多（在随后的实验中，汤森和舒发现有经验的投资者竟然也会被美感影响）。这项研究标明，年报的设计能够显著影响我们对估值的判断。

汤森和舒发现，对纸质年报的研究逻辑也同样适用于网站。已有研究证明，一个网站的视觉吸引力能够强烈影响各种不相关的变量。比如瑞士研究者在 2010 年的一项研究中发现，美感能够极大地影响受试者对于“实用性”的判断。因此，漂亮的手机即使功能上与其他不美观的手机没有差别，也会让人觉得功能更强大（这也许能解释苹果公司为什么如此执着于它的操作系统和设备的美观度）。虽然研究者曾经假设，实用性是驱动我们与网站交互的主要因素——人们喜欢充满有用信息的网站，然而最新的研究表明，我们的实用性感觉至少有一部分是被瞬间的美感反馈所影响的。

现代设计的信条之一是“形式追随功能”，也就是一个建筑或物体的外观应该主要由建造的目的决定。但是这个研究表明该信条已经落伍了。当提到用户评估设计的时候，功能是追随形式的。

这个模式不仅仅适用于实用性。近些年来，科学家也在研究美感如何影响我们对信任的判断。我们是否认为美观的网站更值得信赖呢？从逻辑上来说这是不成立的，但是人类的大脑就是充满了各种不合逻辑的怪癖。到目前为止，有证据显示，网站的美观度与我们对它的信任度高度相关，这个现象也被称作“光环效应”（Halo Effect）。在 2011 年吉特·林加德主导的论文中，研究人员发现我们对网站的第一印象塑造了随后的信任感。如果人们觉得一个网站的视觉吸引力越大，那么他们就越有可能认为这个网站是更值得信任的。

赖内克在最近的一个实验中扩大了调查范围。她向人们展示了几十个不同的网页，每个页面持续时间 500 毫秒，之后询问他们对这些网站的信任度。与预想的一致，信任度与视觉吸引力密切相关。更有趣的是，结合用户评论与独立测试来评估网站是否可信的 Web of Trust 组织认为，人的直觉与网站可信度并没有显著的相关性。我们也许不该偏信比较美观的网站，但是我们似乎也没办法。

光环效应

当认知者对一个人的某种特征形成好或坏的印象后，他还倾向于据此推论该人其他方面的特征。本质上是一种以偏概全的认知上的偏误。

在数字世界中，当涉及财务决策时，我们最常考虑的是信任问题。调查显示，只有 11% 的美国人高度信任他们的金融机构，超过 40% 的人则是“几乎不相信”。尽管有一些这样的不信任是理所当然的，但斯坦福大学的社会学家琳赛·欧文斯（Lindsay Owens）发现，在华尔街几起主要丑闻事件曝光后（如麦道夫诈骗事件），这种对银行的不信任达到了顶峰——随着高度不信任而来的还有大量负面影响。例如无银行账户，即这些家庭不选择有联邦政府担保的银行帐户。美国联邦储蓄保险公司（Federal Deposit Insurance Corporation，FDIC）最近的一篇报道总结，1/13 的美国家庭（或 8% 的美国人）没有银行账户；另外还有 20% 的家庭缺乏银行服务，这些家庭没有支票账户或储蓄帐户，或者是有账户但几乎不使用，他们依赖银行支票以及收取高昂费用和利息的发薪日贷款①。人们会有很多不开设银行账户的理由，而其中一个主要理由就是缺乏对金融机构的信任。他们宁愿把钱藏在自家鞋盒里。

让我们明确一点：修改金融机构网站的外观，并不能解决人们对金融机构的信任问题。不过考虑到光环效应，我认为提高网站的美观度也许有点帮助。而现在，我担心金融网站正使问题变得更糟。

看看美国银行（Bank of America）官方网站的登陆页面。根据 Alexa.com 的调查，它是访问量第 33 位的网站，仅次于《纽约时报》网站。在赖内克的帮助下，我详细分析了美国银行官方网站。结果表明，银行应该重新考虑其网站的设计，至少也应该改善网站的美感。例如，它的平均色度是 4.09 分，远低于 6.10 分的最优水平。事实上，美国银行官方网站几乎对任意人群来说都是单调的（只有芬兰、波兰、俄罗斯和其他一些欧洲国家的人会认同这种柔和的配色方案，但这些人可能并不是目标群体），而银行积极拉拢的女性客户群体，则非常不喜欢单调的色彩。

① Payday Loan，由放贷人提供小额、短期、无担保贷款，借款人以此维持下一个发薪日前的开销。一个普通的发薪日贷款，比如 100 美元借出 14 天会收取 15 美元利息，利率相当于银行年利率的 3.91 倍。

然而色彩单调并不是美国银行网站唯一的问题，它也过于复杂了。根据赖内克的算法，美国银行网站的复杂度为 4.80 分，比理想值 4.23 分高了约 0.5 分。复杂度高体现在很多方面，比如，赖内克调查的网站中，评价最好的包含链接数为 14 个。而美国银行主页上有多少链接呢？ 68 个。而那还只是第一屏页面包含的链接数。好的网站会尽量减少不同的文字区，而美国银行官网却堆满了文字。事实上，美国银行网站共包含 15 个不同的不对称文本块，每个文本块的字体、大小、颜色都不同。最后，赖内克的研究建议使用清晰的菜单栏以帮助用户快速在站内导航，不幸的是，美国银行网站采用了难懂的导航。在屏幕顶部，有三个不同尺寸、完全独立的菜单栏。我担心的是，这些美观问题可能会削弱人们的信任感，从而导致更多的人成为缺乏银行服务者，甚至没有银行账户的人。

批评美国银行网站很容易，但这些都是常见的错误。赖内克的研究表明，大多数网站和美国银行网站一样色彩单调而又过于复杂。她对几百个网站的调查显示，平均色度为 5.17 分，而最佳分值是 6.10 分；平均复杂度是 4.80 分，显著高于最佳分值 4.23 分。太多的网站依靠文字而不是使用色块来帮助用户导航。不幸的是，人们处理网络信息的速度太快，文字最终会让用户失去方向。我们没有时间去仔细阅读，几乎连看一眼的时间都没有。

这些网站光是不美观、吸引力不足就已经够糟糕了。然而数据显示，网站缺乏吸引力，将直接牵扯到其他更重要的问题，比如会被认为是缺乏实用性、不可信的。这些相关性可能并不理性，但仍然影响着数百万消费者对网站的认知。考虑到后果是这样严重，而重新设计网站

又相对便宜，显然我们应该将网页变得更美观。在多屏时代，颜值高并不代表肤浅。

无意识美感，功能追随形式

这项研究应该如何利用呢？我希望网站能更加重视美感。有句老话说，你不可能完成你不能量化的事情。由于将网站美感量化已变得更容易了——赖内克的算法可以自动扫描一个网站并产生一个分数，我希望它能说服大家：**一个网站的外观并非其轻浮品质的表现。相反，它与其性能的其他方面是紧密联系的，因此，漂亮的网站也会让人觉得更有用、更可信。形式也可以有很多功能。**

不过这里也有一定的风险值得商榷，毕竟这种无意识美感的力量也让人深感不安。我们习惯于认为自己有意识地掌控着思维，而证据显示我们很大程度上依赖瞬间感知和审美判断。也就是说，我们实际上并没有多少控制权，这是相当可怕的。更可怕的是，屏幕可能使我们更加依赖这些无意识的偏好，而我们无法解释自己为什么会产生这样的偏好。

对于如何利用这些无意识影响的优势，在数字世界里出现了一些令人不安的新现象。美国联邦通信委员会（Federal Communications Commission，简称 FCC）已经宣布，在电视上播放无意识广告是“违背公众利益”的，因而这类广告被使用 FCC 许可的电视台禁播；但在互联网上却没有发布这样的限制。而实际上，在线屏幕才是这些无意识信息发挥作用的理想场所。正如研究所表明的，即使是 50 毫秒的快照也能强烈影响我们随后的行为。

此外，杨琳云（Linyun Yang，音译）和她杜克大学的同事所做的研究表明，在某些情况下，让品牌或者商标难以看到，实际上可以增加人们的购买欲望。

THE SMARTER SCREEN 广告影响力测试

在一系列巧妙的实验中，科学家们向受试者示以 BBC 纪录片《行星地球》(*Planet Earth*) 片段，中间插入激浪饮料的电视广告。部分受试者看到的电视广告是以正常速度播放的，必须看满 30 秒钟。另一组受试者看到的电视广告被快进以正常速度的 10 倍进行播放，广告仅持续了 3 秒。除了控制播放的速度，科学家们也改变了与激浪饮料广告相匹配的电视广告：一半受试者被同时示以激浪饮料广告和粗犷的悍马汽车广告——它符合汽水的形象；而另一半受试者被示以本田汽车的广告（本田被认为和激浪品牌不同）。结果令人担忧：那些看了模糊的激浪饮料广告的受试者更愿意购买激浪饮料，至少比看了一个不同商品的广告（比如本田厢式旅行车）的受试者意愿更强烈。

这些结果让人非常不安，它们揭示了在某些情况下，让刺激不太引人注意，实际上能提升刺激效果。当然问题是我们还无法解释我们是在对什么作出反应，或者为什么突然渴望来一罐激浪饮料。牢记广告并不会使我们买汽水的欲望打折，因为我们几乎不会记得自己看过这个广告。

我不禁开始担心这样的技术在不久的将来会被如何使用。如果垃圾邮件开始利用无意识导入的优势，又或者如果 YouTube 上的 10 秒钟视频广告开始使用阈下刺激（Subliminal Stimuli），我也不会感到惊讶。我不确定这种技术将多么有效，但毫无疑问，有人会去尝试的。

我的忧虑也延伸到了商业领域。比如你经营着一家公司，并且决定投资创建一个漂亮的网站，根据客户的审美偏好量身打造。鉴于之前的研究，我会说你做了一个明智的投资。不过，也许你有一个卑劣的竞争对手，也许这个竞争者决定利用更廉价的潜意识信息而不是去创建一个更漂亮的网站。你知道吗？他们也许是对的——这可能会更便宜。但这样做也是错误的。不过即使这样，你可能还是会发现自己的客户流失到使用劣质产品和垃圾网站的竞争对手那里了，而这只是因为他们依赖了值得质疑的心理战术，即让数字信息快速闪过而不引起意识觉察。

另一个潜在的风险是，我们将会学习在彼此身上使用这些无意识技巧。最近我参加了一个创业公司为寻找投资人而设的推介会。他们的产品很简单：性表情符号。大多数表情符号描绘的是情感状态，如微笑或皱眉，但这些表情符号刻画了各种性行为。我选择了不投资。

这场推介会引起了我的思考。我意识到，性表情的诱惑在于它们能够让人通过不太露骨的方式发送露骨的信息。而且，我怀疑这种表情符号只是铤而走险的第一步。我可以很容易想象，几年之内，一个名为 Think Snapchat[①] 的短信 APP 会变得极度流行。这款 APP 可能一开始只是一个派对上

阈下刺激

产生动作电位所需的最小刺激强度，是衡量组织兴奋性高低的指标。强度小于阈值的刺激，称为阈下刺激。

① Snapchat 是一款主打“阅后即焚”功能的照片分享应用。——译者注

的小把戏，能让人们给朋友发送一张照片，但照片的显示时长设定为30~50 毫秒。

听起来很有趣吧，但是假如人们开始逐渐擅长于此呢？如果我们弄清楚了如何利用潜意识图像来改变无意识行为会发生什么呢？心理学家基思·斯坦诺维奇（Keith Stanovich）和理查德·韦斯特（Richard West）将头脑分为两种模式："系统 1"和"系统 2"。"系统 1"快速而自动，通过情感和本能驱使。它依赖于我们经常没意识到的那些线索。而"系统 2"是深思熟虑的，它聚焦于我们有意识关注的信息。我担心的是，这些潜意识的图像将让这种平衡力量向"系统 1"倾斜，使我们更加依赖冲动。更糟的是，我们不知道"系统 1"为什么会如此兴奋，因为潜意识的刺激在定义上是无法被"系统 2"感知的。所以，我们会感到兴奋，却没有任何办法知道达到极度兴奋状态的原因。我们在网络上的决策，无论是买东西还是选对象，很容易看到这样的线索会带来多严重的后果。事实上，即使这些潜意识的图像效果极其有限，也仍然能利用数字世界的规模优势产生巨大的社会效应。

显然，这是最坏的情况，我不知道未来是否会发生，但希望监管部门能够担心这种可能性，并思考如何为 21 世纪的潜意识信息制定监管规则。

数字世界是我们自己一手打造的，也是我们为自己创造的视觉环境。让它成为一个安全而美观的地方，我认为这个要求不过分。

你的产品是否具有视觉吸引力?

长久以来，美都被简单地认为是一种肤浅的东西，这是不对的。最新的研究表明，一个网站的视觉吸引力是和功能性、可信赖感等重要问题密切相关的。这里有几个问题可以帮助你从网页设计中获得较多收益:

1. 你“快速测试”过自己的网站吗? 请记住,你只有 50 毫秒打动访客。让你的网站在人们面前快速闪现，然后征求他们的意见。这才是重要的意见。
2. 你是否考虑过光环效应的影响? 也许提高网站的可用性和可信赖感的最好办法就是让它更漂亮。
3. 你是否考虑过复杂的不对称性? 宁可过于简单也不要复杂。
4. 谁是你的用户? 请记住，美是在旁观者眼里的，并且不同的群体喜欢不同的网站风格。是时候个性化你的网站和应用程序的外观了!

03

中区偏见，屏幕位置效应的热点与冰点

屏幕从来就不是让人们仔细思考的地方，它让我们在越来越少的时间里做出越来越多的决策，最终结果就是，我们第一注视点上的目标逐渐代替我们做出决策。因此，我们的视觉热点变得比任何时候都更重要。

THE SMARTER SCREEN

Surprising Ways to Influence and Improve Online Behavior

《超级战舰》，舰队究竟藏在哪里

你玩过《超级战舰》（*Battleship*）游戏吗？很简单：每个玩家把自己的舰队布置在一块 10×10 的棋盘上，然后猜测对方舰船隐藏的地点，选定棋盘上的方格作为击打目标，当对手的整个舰队被击沉时获胜。要取胜，很大程度上要看运气。这个游戏源于第一次世界大战，当时的盟军海军舰队虽有大炮，却没有指引。火炮技术的发展远远超过了声纳技术，这意味着船只可能会互相开火，因为他们也不知道瞄准哪儿。

根据数学概率，你有 88.1% 的概率至少击沉一艘我的舰船，但很可能一艘也没猜对。原因很简单：《超级战舰》游戏中的人为猜测不是随机的。我并不会读心，但我可以合理地推测出你会在哪儿寻找我的舰船。实际上，根据鲁马·福克（Ruma Falk）与其同事的数据，游戏中的“搜寻者”遵循一系列可以预测的模式。在这一章，我们将会了解这些模式是什么，以及为什么这些相似的模式在影响数字世界中的人类行为方面发挥着如此重大的作用。

行为自测
THE SMARTER SCREEN

现在我和你玩一局《超级战舰》。我可以让你一手，虽然通常一局游戏只允许隐藏 5 只舰船，但我在这一局布置了 10 只，而你的任务就是击沉它们。你可以先猜 5 次，然后在下面的棋盘上标记目标，进行 5 次发射。

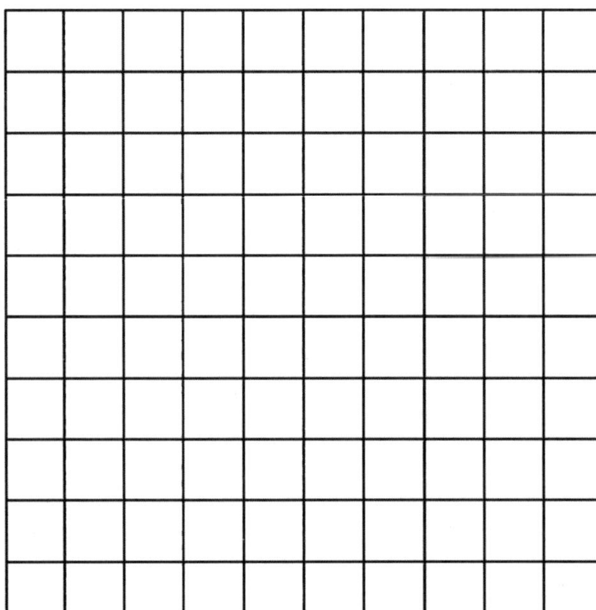

记录你的 5 次发射

都标记好了吗？请翻到下一页看看我把舰船都藏在了哪儿。

《超级战舰》获胜的秘笈是避免把舰船置于棋盘上的热点区域，或是把舰船放在对手目光最容易触及的方格内。根据科学家的研究，在一个 5×5 的棋盘上最常被猜到的一个位置是 B4 这一格，这一格位于棋盘的中上方，它实际被猜到的概率通常比随机概率高出 3 倍。被猜到的高概率排在第二的位置都集中在中间。相比之下，棋盘边缘的方格被猜到的概率就小得多，这些方格被猜到的概率是你所预计的一半。这就是为什么靠边的几行是隐藏舰船的最佳选择：我把舰船放在这些位置，相比把舰船放在棋盘中间，不被对手击中的概率至少高了 6 倍。

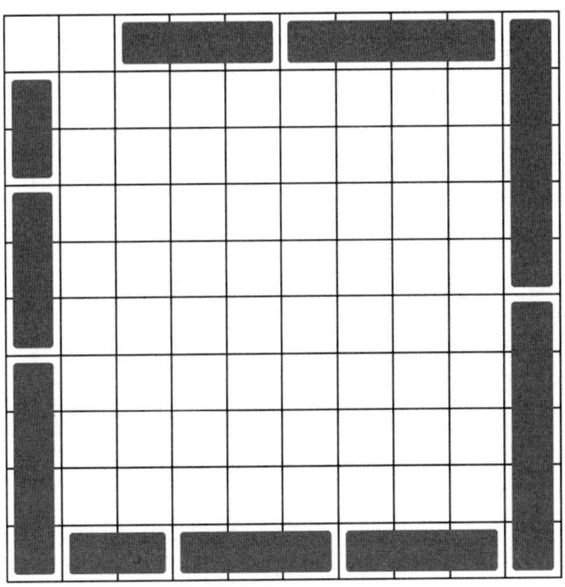

我隐藏舰船的位置

这一视觉模式被称作“中区偏见”（The Middle Bias），它从一开始就扎根在我们的视觉系统中，并深深影响着所有和视觉紧密相关的行为。想想那些放射科医师，他们整天盯着医疗设备上的成像，比如 CT 片和核磁共振成像等。尽管这些医师受过多年培训，学习仔细分析图像上的每个部分，但有证据表明他们对屏幕中间的图像重视程度远高于其他部分，一如《超级战舰》游戏中搜寻对方舰船的玩家一样。

THE SMARTER SCREEN 中区偏见测试

在 2013 年一项巧妙的研究里，特拉夫顿·德鲁（Traftron Drew）和哈佛医学院的同事给 23 名放射科医师一系列真实病例的 CT 片，让他们从中寻找标志肺癌早期的肺结节，但这些医师并不知道其中一张 CT 片的右上角被偷偷插入了一小张大猩猩的图片。尽管猩猩比要寻找的肺结节大 45 倍，但是 83% 的放射科医师并没有注意到它，而且他们扫视这一部分图像的时间平均只有 250 毫秒。

再想想那些军情分析员。如果你是一名正盯着卫星图片的美国中央情报局分析员，或是一名正盯着实况直播的无人机操作员，那么你对屏幕边缘显示的内容大多不会那么上心，你所有的注意力都集中在屏幕中间的图像上了。这样一来，如果屏幕边缘的图像上有相关情报，你就会更不容易侦查到，最重要的细节就这样近在眼前，却被疏忽而过。

中区偏见

位于屏幕正中间的位置，更容易吸引人们的注意力。

情报机构通常会增派人手来解决这一问题。

他们可能会把原来的图片分成 4 张更小的图片，然后分别让情报人员仔细查看每张图片，寻找恐怖分子、走私交易或者非法活动的种种迹象。如果那样还不奏效，就会增派更多双眼睛。简而言之，他们以为自己要应对的是一个图像缩放问题，以为靠更高的分辨率和更多双眼睛就能很好地解决。但这种认识非常危险。

THE SMARTER SCREEN 多屏时代的商业机会

分割图片让每个情报人员单独分析每张图片导致的问题是，更多双眼睛会带来更多的边缘——每张新的图片又会派生新的易被忽视的边缘，视觉盲区因此不减反增。我认为更有效的解决办法是把相关图片分成一系列部分重叠的图片，让一张图片的边缘处于另一张图片的中心位置。问题的核心不是放大倍率，而是消除边缘，确保图像的每个部分都在某个情报员的视线中心区域。

中区偏见根植于知觉习惯（这看起来是一个奇怪的感官现象），也影响着我们的选择，因为我们更可能选择视野中心的选项。《超级战舰》就是这样，在零售业也存在这一情况。

THE SMARTER SCREEN 热点价值测试

加州大学圣迭戈分校的心理学家尼古拉斯·克里斯滕菲尔德（Nichaolas Christenfeld）对消费者如何从超市的货架上选择产品进行了调查。他来到真实的卖场观察消费者的购买行为，发现当有四排完全相同的产品时，71% 的消费者会选择中间两排货架上的产品，比通常预计的随机概率可能高出 21%。克里斯滕菲尔德发现厕所隔间的选择也存在类似模式。通过跟踪一个公共洗手间内 4 个厕所隔间中卫生纸的更换次数，他发现中间两个隔间内卫生纸的更换次数比靠边的两间高出约 50%。克里斯滕菲尔德写道："这些研究结果表明，当客观偏见不影响选择时，大部分人会遵循一种隐性规律。数据显示，这条规律的适用人群非常广泛。"

那么中区偏见和数字世界又有什么关系呢？尽管这种偏见本身并不新鲜，但有证据表明，这一偏见在多屏时代变得日益重要，我们需要更多研究来直接比较这些偏见在线上和线下的影响。

要解释这一现象并不复杂：屏幕这一媒介高度依赖视觉呈现。手机、平板电脑和个人电脑都迎合我们的视觉感官，方寸间闪闪发光的像素屏幕把世界摄于一屏，消耗我们所有的注意力，从嗅觉到听觉的所有其他感官几乎都被忽略了。最终结果就是技术发展很可能放大了我们视觉习惯的影响，至少在决定我们观察和选择的对象时，这一影响愈发明显。**中区就好像最有价值的地产，各个品牌总是不惜代价想要出现在超市的中间货架上。但我相信，在最为依赖视觉呈现的数字世界里，我们的视觉热点比任何时候都更为重要。**

在《超级战舰》游戏中，我能猜到你不会搜索的方格区域，从而获得胜利。线上世界也在进行着这样一个相似的游戏，只是这场游戏的目的不是猜测你不会看到哪儿，而是了解你会看到哪儿。

抢占“第一注视点”

我们在屏幕上关注的内容关乎注意力的选择，这也是网络心理学的一个关键问题。我们在第 1 章看到，数字世界里的信息过载已经造成了注意力的稀缺，这意味着让人们看到你希望他们看到的信息是一项价值连城的本领。未来属于那些能够掌控注意力的人。

从字体大小到网站的配色方案，无数变量就这样占据人们的注意力（大量 A/B 测试的目的是微调这些细节）。然而，影响注意力的最强大也最简单的工具之一则是屏幕位置。我们刚刚了解了位置是如何影响视觉盲点的，一个显示在错误角落的细节几乎肯定会被忽略，即便这个细节是一张大猩猩图像出现在 CT 扫描成像上。但屏幕位置在决策过程中同样重要，因为我们会用眼睛评估选项。例如埃琳娜·鲁茨卡贾（Elena Reutskaja）和她的同事最近就发表了一项研究，他们使用眼动追踪设备来监测受试者在凝视屏幕时的第一注视点，也就是在屏幕上最开始看到的内容。

THE SMARTER SCREEN　第一注视点测试

实验邀请 41 位加州理工学院的大学生，在电脑屏幕上标示对不同零食的喜爱程度，比如乐事薯片和士力架。然后这些受试者又被要求在线下做一次实际选择。研究人员会向他们出示一些和屏幕上的零食一样的照片，并要求他们在实验最后选出最想吃的零食。

当这些受试者在屏幕上寻找他们最喜欢的零食时，研究人员则在追踪他们的眼球，监测他们的目光焦点。很快就有一种一贯模式浮出水面，那就是人们第一次聚焦并更常关注的选项会出现在显示屏上的特定区域。那么这些特定区域在哪里呢？准确答案取决于屏幕上选项的数量。如果只有 4 种零食出现在一个 2×2 的矩形中，受试者很可能看向左上角，而且他们的眼睛会有一半时间盯在那里。当然，这一结果可能会在习惯从右向左阅读的人身上发生改变，比如使用希伯来语或阿拉伯语的受试者。然而，随着选项的增加，新的趋势也开始浮现。如果受试者同时面对 9 个选项，他们的目光 99% 一开始会落在中心附近；如果有 16 个选项，他们的第一注视点 97% 会落在中间四格内。除此之外，这些第一注视点也会对之后的目光产生影响，人们最初关注的位置会在之后仍然处于最受欢迎的关注点。

目光聚焦的这些模式在选择时影响深远，产生了科学家所称的“显示诱导决策偏见”现象。由于科学家保留了受试者本身偏好的记录，知道这些受试者真正想吃的零食是什么，他们就可以观察到屏幕位置是如何影响了受试者的最终选择的。以 9 个选项的情况为例，如果受试者看到屏幕上有 9 种不同的零食，他们有 60% 的可能更愿意选择正中间的那个，而不论它到底是哪种零食。

THE SMARTER SCREEN 多屏时代的商业机会

想想看这意味着什么。假如一个零售商非常希望增加某个商品的销量，只需把商品放在屏幕上更容易博得第一注视点的地方即可，比如屏幕的中心。实际上，科学家把最不受欢迎的零食放到受欢迎的屏幕位置上，比如屏幕中间偏左的位置，只有 30% 的情况下受试者能发现其最爱的选项。然而，如果把他们偏爱的零食放到屏幕中间，他们的“选择效率”

就达到了 90%，这意味着他们几乎每次都能做出最佳选择，选出自己最想吃的食物。只需要一个设计上的微调，就能对结果造成巨大的改变。在数字世界里，屏幕位置是一个极其重要的变量。

屏幕位置效应的巨大影响又提出了另外几个有趣的问题：这一现象因何而来？为什么无论中间到底是什么东西，我们总是被屏幕的中心所吸引？是因为中间位置与生俱来的吸引力，还是因为边缘位置就是不得人心？换种说法，这些争论的核心就是中心位置的“热点”和边缘位置的“冰点”的相对重要性。

简短地说，我们也不知道。彼得·艾顿（Peter Ayton）推测这一视觉偏见根植于一种对处于群体边缘位置的古老的恐惧，因为这会让我们更容易成为捕食者的猎物。比如，羚羊群外圈的羚羊更有可能被狮子吃掉。因此，艾顿认为大脑天生就设定了尽可能避免各种边缘，无论是厕所内的隔间还是屏幕边缘位置上的零食。这一理论相当巧妙，但艾顿也承认这一理论背后并没有什么证据支持。

尽管如此，我想我们还是能从现有的研究中窥得答案。

THE SMARTER SCREEN　没有正中位置的中区偏见测试

鲁茨卡贾和同事进行了一项间接测试，通过让受试者分别在 9 个和 16 个选项中进行选择，来研究中区偏见。如果屏幕效应绝大多数见于正中央对注意力的吸引，那么我们预测相对于 16 个选项的情况，9 个选项的对照组中选择正中央选项的人数会有显著增加，因为 9 个选项呈现了一个明确的中间项。确实，实验结果体现了增长的趋势，然而这一趋势并不明显。在 16 个选项的情况下，人们对于中间区域的第一注视点比例达到 97%；在 9 个选项的情况下，这一数据增加到 99%。

这一复杂的结果意味着屏幕上既有热点区域，也有冰点区域，而我们会被热点区域吸引并忽略冰点区域。因此即便没有正中，中区偏见同样存在，如果有了正中，这一现象则愈发明显。

在这个屏幕当道的新世界，这些研究更大的意义在于，**视觉系统的无意识偏好，即它所关注的位置和关注的方式——对于形成我们自身的偏好都起着举足轻重的作用，屏幕位置效应就是这一现象强有力的例证**。此外，感知机能还有许多其他方式影响着我们做决策。在最近一篇论文中，加州理工学院的米利克·米洛萨维杰维克（Milica Milosavljevic）带领一组科学家研究发现，物体在视觉呈现上的细微变化，对于我们最终的决策将产生很大的影响。

THE SMARTER SCREEN　视觉显著性变化测试

他们的实验是再一次邀请大学生在不同的零食中做出选择。完成零食偏好的小测试之后，要求这些受试者把不同的零食从 1 到 15 排序，然后在屏幕上从不同的零食组合中做出选择。这些零食的视觉呈现采取两种方式。第一种是科学家选择性地调节某一零食显示的亮度，比如调亮某一项或是调暗其他项。第二种方式则是改变选项的显示时长，使显示时长在 70~500 毫秒的区间内波动。

让受试者更容易看到某些选项，对他们最终的选择产生了很大影响；当受试者本身对品牌没有极其强烈的特殊偏好时，这种影响更甚。比如，如果你真的不喜欢花生，那么就算调高士力架标签的亮度，也不会动摇你的决定。

THE SMARTER SCREEN
多屏时代的商业机会

这一研究最惊人的发现可能是，视觉显著性的变化可以让人们在超过半数情况下做出违背本来偏好的决策。换句话说，如果本来比起乐事你更喜欢可比克，那么让屏幕上的乐事包装更容易看到的话，很可能让你做出与自身偏好相反的决策。如果让受试者在选择食物的同时完成简单的计算题——增加“认知负荷”来模拟多任务生活状态中的干扰，视觉显著性变化的影响会更加明显。这样的结果意味着，我们上网的习惯，比如，一边在淘宝上购物，一边浏览微博的状态更新，同时回复手机上的短信——会放大视觉系统的偏见效应。

这样的结果令人不安。我们以为自己的选择反映了自己有意识的欲求，希望自己挑选的零食是自己最想吃的，但这一数据却告诉我们，这些选择不过是视觉感官习惯的结果，我们会不由自主地关注屏幕上特定的选项和区域。有时候，视觉显著性比我们的偏好影响更大。

为什么突出显示在屏幕上如此重要？答案很可能与数字世界的运行速度有关。根据眼动追踪数据，第一注视点总是在人们看到屏幕上不同食物后的350毫秒内找到落点。这就是说，视觉系统早在我们考虑自己的选择之前，就开始影响我们的决策了；视觉机能在大脑思考之前就行动起来了。正如我们在第 2 章中看到的，这样的处理速度正是网络世界的标志，例如我们在屏幕上的选择越来越快。如果人们有更多时间仔细考虑这些垃圾食品的选项，视觉偏见的影响就不会那么大。但屏幕从来就不是让人仔细思考的地方，相反，它常常把人推向反方向，让我们在越来越少的时间里做出越来越多的决策，最终结果就是，我们第一注视点上的目标逐渐代替我们做出决策。

盲点危机，跃动的视觉注意力

你的眼神在当前页面游移，阅读一个接一个字词，这个过程包含一系列可以预测的运动。尽管阅读过程看上去连贯顺畅，但这一感觉实则是种幻觉。事实上，你的眼神在页面上掠过，在字词间跳跃，并且有时会跳过中间许多字词。这个动作被称为“扫视”，由一系列牵连眼球的小肌肉控制。尽管我们可以有意识地控制自己的凝视方向——选择看什么，以及什么时候看向别处，然而扫视几乎全程都在无意识进行着。你可能知道你在读什么，但你并不知道你的阅读方式。

行为自测
THE SMARTER SCREEN

看看下面这个句子，数一下字母“f”出现了几次。

Finished files are the result of years of scientific study combined with the experience of years.

你一共看到了几个“f”？

最常见的答案是3个，而正确答案是6个。如果你回答错了，很可能是忽略了“of ”这个词中的“f”。有经验的读者阅读时会略过虚词，比如and、if、the和of，即便你有意锁定这句话中的“f”，还是有可能错过它们。对此你不必太过惊讶，因为有研究表明，我们的双眼在阅读时会略过65%的虚词。

眼球运动的非随机性对于屏幕上的信息分布影响重大，因为事实证明，你的眼球在每个像素上停留的时间并不相同。相反，眼球的一系列运动路线和停留方式都可以提前预判。如果说第一注视点是屏幕上吸引视线的部分，那么在这之后的眼动追踪路线也并非随机，而是依照一系列方式和规则，从而形成我们搜索信息的方式。

例如，想想这样一个看起来微不足道的设计决策：选项是以列（垂直方向）还是以行（水平方向）展示。我和许多财富百强的公司管理者讨论过他们网站的这一设计变量，开头我总会问一个相同的问题：为什么这么做？而我总能得到相同的答案——他们也不知道。他们觉得，网站本来就该如此。他们不太会考虑行列之分，因为觉得这并不重要，页面的布局并不会影响顾客的选择。

这很可能是个错误的认识。

THE SMARTER SCREEN 页面布局的影响测试

在1977年一篇经典研究论文中，心理学家詹姆斯·贝特曼（James Bettman）和普拉蒂普·卡卡尔（Pradeep Kakkar）请150名家庭主妇在11种早餐麦片中做出选择，每种麦片根据13个不同的标准进行打分，比如价格、含量等等。一些受试者被要求根据品牌安排选项：她们首先选择品牌标签，然后再看麦片的特色。另一些受试者则被要求根据特色安排选项，这样她们首先会注意麦片的特色，然后再看这些麦片的品牌。把所有选项按照品牌列出或是按照特色列出——这一布局上的变化极大地左右了家庭主妇评估这些选项的方式。当信息按照特色列出时，她们会根据特色一行的信息搜索选项；反之，她们就会按照品牌一行的信息进行检索。

虽然传统的顾客选择理论聚焦于把信息提供给消费者，但贝特曼和卡卡尔指出，信息提供的形式同样重要。“信息呈现的结构会对获取信息的策略产生极大的影响，”他们写道，“实际情况中，消费者会根据信息提供的形式处理信息。”

多屏时代，这些设计上的考虑日益重要。举个例子，我们来看一看圣塔克拉拉大学的萨凡纳·玮·史（Savannah Wei Shi）最近完成并发表在《管理科学》杂志（*Management Science*）上关于眼动追踪的新研究。这一研究验证了先前关于分布重要性的结论，还揭示了一系列根植于屏幕眼动过程中的视觉偏见。

也许这些视觉运动偏见中最重要的一点是包含了某种先天的偏好，青睐从一边到另一边的横向运动（科学家推测，这种偏见植根于视网膜的感官属性）。因此，水平方向的信息显示时更为突出——我们更有可能注意到这些信息。

史和同事们请受试者在戴尔网站上选择台式电脑，以此研究现实世界中的情况是否符合这一设想。多年来，戴尔网站都是按列显示不同的计算机型号，然后按行显示每个型号的属性。通常，一台台式电脑可能有 12 个不同的属性，包括价格、处理器、显示器、操作系统和保修等。

THE SMARTER SCREEN　视觉运动偏见测试

在实验中，一些受试者被随机分配，根据当前网站的布局挑选一台电脑，而另一些受试者看到的是不同版本的网站布局，即产品型号按行显示，而非属性。不出所料，这些不同的布局造成了大相径庭的信息处理方式。当产品型号按行显示后，大部分用户不再那么关注属性，而是花更多时间（相对而言）观察产品。相比之下，当电脑机型按行显示时，受试者会比较不同机型的每个属性，如价格或处理器性能。有趣的是，受试者最后的选择和他们视线运动的方向有密切的关系，得到越多视觉关注的属性和产品型号，对最后决策产生的影响越大。这意味着如果受试者花很多时间注意价格变量，他们可能会对价格更加敏感。反之，如果他们的视觉停留在相对昂贵的机型上的时间越长，就越不关心价格。视觉率先做出了选择。

设计信息的排列方式时，这些视觉运动偏见可帮助人们关注最有用的事实。**把更加重要的细节放在视线最可能经过的地方，即远离边缘区域，进行横向呈现，这样就增加了这些细节被注意到的可能性。**就好比在客流量高的大街上，商家能吸引更多顾客一样，出现在视线最集中区域的信息，就能吸引更多注意力。

我们才刚刚开始了解视觉偏见如何影响大脑的思考。然而毋庸置疑的是，我们必须认真对待这种高度非随机的视觉系统习惯，因为呈现在我们眼前的内容并不一致，数字资产的每一寸价值都不相等。我们还没有认识到这些感知规律，但它们仍然决定了我们感知和选择的内容。在屏幕的世界里，视觉官能比以往任何时候都更为重要。

THE 本章测试
SMARTER SCREEN

你注意到屏幕上的热点与冰点了吗?

数字时代放大了视觉偏见的重要性。除非你考虑到了这些感知习惯，不然就会错过提高信息影响力的大好机会。说到底，让人看到固然是一种方法，但出现在他们的视线里则更棋高一招。

我整理了下面这些指南，帮助你充分利用机会（置身视觉热点）、避开风险（远离视觉冰点）。

1. 你考虑过中区偏见吗？超市中间货架上的商品更受青睐，同样，屏幕中间的选项也在很大程度上左右着我们的选择。举个例子，很多人会选择他们不那么喜爱的零食，只不过因为它们处在屏幕中间位置。
2. 你考虑过左上角偏见吗？有些情况下，位于正中的选项并不存在，比如屏幕被分割成 2×2 的矩阵时，我们的视线会不出自主地落在左上角的区域。
3. 你考虑过显示偏见中潜在的文化差异吗？我的母语是希伯来语，阅读习惯是从右往左读，我推测那些习惯从右往左读的人会倾向于看右上角。
4. 你考虑过视觉冰点吗？屏幕上有热点，但也有冰点。在《超级战舰》游戏中，你就会想要把舰船藏在冰点位置，也就是屏幕的边缘区域，因为比起置于屏幕中间的舰船，这样不被击中的概率就高了 6 倍。当然，如果你是一个在线零售商，就不会希望把高利润的商品放在冰点位置，因为那样的话，它们被选中的概率很可能会降低。
5. 你考虑过屏幕显示可能放大了视觉偏见吗？一项研究表明，大部分放射医师在屏幕上查看 CT 扫描成像时，都没有看见一个大猩猩图案。我想如果是在老式的胶片上，他们可能不会那么容易忽略这个图案，但还需要大量研究来证明这个猜测。

6. 你考虑过放大图像产生的盲区吗？如果你是正在搜索恐怖分子的情报分析员，可能会放大画面进行搜索，但这样一来会有更多战场进入视觉边缘区域，即我们常说的视觉盲区。你务必仔细考虑如何处理手头的“战场”快照，才能确保不错过关键情报。
7. 你考虑过横向偏见吗？我们的视网膜先天习惯于横向探索世界，因此，横向显示的信息比纵向显示的信息对最终的决策影响会更大。
8. 你考虑过决策时间吗？我们搜索和选择的时间越快，同时着手的任务越多，视觉偏见的影响就越大。

04

反馈太多，我们反而视而不见

THE SMARTER SCREEN

可穿戴设备的出现让我们有机会将可以改变人们行为的反馈显示在屏幕上。但我们并不需要只能简单地给出很多反馈或者记录生活中一切信息的设备，而是需要能够帮助我们理出头绪，提供少一点反馈而多一点有用信息的设备。

THE SMARTER SCREEN

Surprising Ways to
Influence
and Improve Online Behavior

Apple watch 真的可以让人更健康吗

几年前出现过许多监测身体运动的塑胶小玩意儿，我买的一块耐克 FuelBand 手表就是其中一种。那时我曾看中一款漂亮的瑞士表，但还是觉得 FuelBand 看起来更酷，它有黑色磨砂的表链和小小的 LED 光源。戴上它让我看起来更有型，即使劳力士也做不到这一点。

除此以外，FuelBand 的其他方面则不尽如人意。尽管我依旧觉得它看上去很漂亮，但是除了拿它来看时间外也做不了其他事。它没法帮我减去赘肉或是促使我每天多走几步；对它有点烦人的提醒信息我也完全无视。就这点来说，它更像是一款装了电池的珠宝。

FuelBand 某种程度上受限于它的技术，因此在监测我的身体运动时并不精确。这个小玩意儿监测的仅仅是手臂动作，而对于其他不需要肢体摆动的活动，比如推推车或者做瑜伽，它几乎不记录（刷牙时产生的“能量分”多于做俯卧撑的时候）。更糟糕的是，还要经常为电池充电。电池电量一天就耗尽是常有的事，甚至有时我都没有留意到。

当然这些都是可以改进的问题：这些数码小玩意儿一定会越做越好。超越了老旧 FuelBand 的第一代 Apple watch 就代表它们有了一个巨大的进步，我确信下一代 Apple watch 会有更多改良。总有一天，会出现一款不必每天充电的可穿戴电脑。

但是这些小玩意儿的最大问题不是技术上的，至少不是通常意义上的技术，它跟锂电池或者简陋的动作传感器无关。我相信最大的问题是这些设备受限于它们发出反馈的方式。在很多情况下，可穿戴设备假定反馈已足够，提供给人们的相关信息已经可以解决问题。但是事实并非如此。举例来说，普通体重秤就可给我们与体重有关的所有信息，它廉价、可靠而且不受电池所限，但是它没法解决肥胖问题。

这是因为反馈本身仅仅是第一步。如果 FuelBand 和 Apple watch 想实现它们号称的可以让我生活得更健康的目标，那么还需要把所有反馈转换为另外一种形式，说服我离开书桌去运动来提高心率。这种情况下，这些可穿戴设备面临的真正挑战是用何种方式来实现技术和用户互动，以及如何设计并显示这些信息流。如果没能很好地处理这种互动，那么这些小玩意儿就不过是占据了我手腕上宝贵空间的带了芯片的时尚装饰品而已。

当然，这些可穿戴的手表仅仅是一个大趋势中的小小实例，这个大趋势就是，我们将越来越依赖于这些屏幕和设备给出的与我们生活相关的反馈。人类历史上第一次可以细致地监控自己的身体和行为，事无巨细地记录睡眠质量、吃掉了多少卡路里等。我们能够跟踪自己的步数和休息时的脉搏，以及社交网络和消费习惯等，甚至有一款 APP 会告诉你，你查看智能手机的频率。归功于机械传感器价格的下跌，现在，生活的方方面面都可以自动量化，而就在几年前，这还需要一个训练有素的专业人员组成的团队才能做到。

科技已经成为一面无处不在的镜子。

反馈甚至还延伸到了其他人。eBay 卖家和 Airbnb 房东会评价顾客，Uber 乘客会评价司机，学生亦会评价教授。我们甚至能够对自己的前任评价一番。2013 年初上线了一款 Lulu 交友 APP，允许女性匿名评论交往过的男人。这款 APP 最初的市场定位是成为“找男人的 Yelp”，并且承诺“发挥女生间悄悄话的价值”。该 APP 鼓励女性描述她们认识的男人的魅力和癖好；还会发起一些热门的话题，比如“# 啪啪啪后玩消失 #”“# 没断奶的爷们 #”。总之，Lulu 把反馈潮流延伸到了人际关系领域，让每个女生可以了解即将交往的这个男人的过去。

本章是讲所有这些新的数字信息带来的影响，以及这些新镜子是如何改变我们看待自身以及这个世界的方式的。如果反馈已经足够充分，是不是说反馈就有用了呢？很显然并不是那么回事。最新的研究表明，数字反馈只有在处理得当时才有用，处理方式要遵循一套行为规则。本章就是讨论这些行为规则：我们应该如何把一些可以改变人们行为的反馈显示在屏幕上，无论是减肥、缩减开支还是增强运动，以及应该如何让这些新镜子变得更好。

即时有效的反馈，获取倒 U 形曲线的最佳位置

许多年前，亚伯拉罕·克鲁格（Avraham Kluger）和安吉洛·德尼斯（Angelo DeNisi）两位心理学家就反馈对人为表现的干预做了一次权威评估。他们进行了 607 次不同实验和 23 633 次实验观察，分析了各种反馈实例，包括战斗机试飞员、学习阅读的儿童、装配线上的工人、想减肥的节食

者。这类研究被称为“元分析”，科学家用此方法从庞大多变的研究对象中找出一般趋势。

克鲁格和德尼斯的研究发现了什么？虽然平均来讲，反馈干预会改善人们的表现，但是 38% 的案例中，反馈却会使情况变糟：节食者体重增加，儿童学习吃力，工人效率降低。研究结果发人深省，提醒我们构建一个有效的反馈是多么困难。

正如我们很快就会看到的，同样的问题也延伸到了数字世界：来自屏幕上的反馈，有些帮助我们做得更好，有些却是更糟。

影响数字反馈有多个变量，其中最重要的是反馈的数量。反馈数量不够，不利于学习——我们没有提高是因为不清楚做得如何，更不要说做得更好了，这个一点都不奇怪。但是反馈数量太多也会是一个问题，在网络世界里还会带来很大风险。有时，反馈过多会让我们对信息失去兴趣，最终无视所有信息，即使这些信息可能有用。反馈过多也会让我们反应过度，会使本来糟糕的情况更糟。原本反馈可以帮助我们做更聪明的决策，这下却帮了倒忙。

有一个叫“倒 U 形曲线”（Inverted U-curve）的术语可以描述此现象，这个方法很巧妙地描述了一个人过多地得到一样好东西的情况。假如用 *x* 轴表示反馈数量，随着反馈越来越多，反馈带来的正面回报会迅速下降——从受益变成了受损。

倒 U 形曲线

一种判断和预测具有特殊发展过程的事物的现状及趋势的分析模型。表现在图形上是一条先向上弯曲后向下弯曲的曲线，形似颠倒过来的“U”。

让我们先从好消息开始，就是数字反馈的哪些形式会改善我们的行为。在大多数情况下，这类反馈之所以起作用，是因为随着数字世界的到来，它带给我们之前不曾有但又是我们所需要的信息。看看那个倒U形曲线，如果之前我们是在曲线的最左端——受累于反馈的缺乏，那么现在就正处于最佳位置，能够运用这些新信息来改进决策。

我们来分析一种数字世界独有的反馈形式：实时金融信息。直到不久前，要获得自己银行账户的最新信息的唯一方法还是打电话或者去银行分支网点。信用卡和投资账户信息也一样——大部分人直到收到银行账单邮件才知道，自己存了多少钱、花了多少钱。

但是智能手机和移动网络的兴起改变了这种状态。现在每家大银行都有一款自己的APP，可以让客户在任何地方都能看到自己的帐户结余和信用卡信息。我和加州大学洛杉矶分校的在读博士亚龙·利瓦伊（Yaron Levi）通过研究个人资产网（Personal Capital）的用户，来了解这些新型反馈的潜在影响。该网站有一项广受赞誉的服务，即帮助用户把他们所有的财务账户链接到一个地方。个人资产网最吸引人的就是它的个人主页，用户在里面可以一眼看清自己的投资表现和消费。例如，个人主页会按不同门类对钱的去向进行分解，向你展示你在衣、食、住、行、娱等方面花了多少钱，以及所要支付的按揭占收入的百分比。而且，这些反馈可以随时随地查看。我和利瓦伊对这些新型的财务信息会如何影响用户的消费决策进行了研究。

THE SMARTER SCREEN **财务反馈影响消费决策的测试**

我们把关注的焦点放在个人资产网的一部分长期用户上，他们在网站的手机APP发布之初就进行了下载。因为这些用户之前一直是通过网页进行访问的，所以我们能够把注意力放在APP对他们消费习惯的影响上。我们首先发现，使用 APP 的用户会获得更多的反馈。在安装 APP 之前，个人资产网的用户平均每月访问个人主页 2.14 次；在安装了 APP 之后，这个数字跃升至平均每月 12.47 次。需要着重说明的是，这个增长完全是由新增的移动端访问所驱动的，网页端访问量保持不变——APP 对网站访问量是增量，而不是取代了网页访问量。

好玩的是：所有这类新的财务反馈明显影响了人们的消费决策，普通 APP 用户每月的消费减少了 15.7%。其实这也不奇怪，所有减少的消费都属于可自行支出的那一类，比如用户减少了外出就餐之类的消费。这也跟美国政府最近的调查结果吻合，调查发现，大多数使用智能手机查询财务信息的消费者，会在购买昂贵商品之前先看看账户的结余。那些查过余额的消费者中有一半会决定不买了，就是因为这个反馈。这种情况唯一能讲得通的是，消费者获取信息变容易了，并且他们能从一个地方获取所有账户信息，而这会让他们对自己的消费习惯采取更负责任的态度。

想要正确地认识这个实验结果的意义，还需要看看其他有助消费者少花钱多存钱的方法。哈佛大学的詹姆斯·崔（James Choi）带领一个经济学家小组观察了美国人的存钱习惯。68% 的受访者表示他们的储蓄率非常低，仅 3% 的受访者调高了他们的 401（k）养老保险计划的供款比例。在另一项研究中，研究对象参加了一场为时一小时的有关退休储蓄计划的讲座。所有与会的、尚未参加 401（k）养老保险计划的研究对象，都表示想要着手储蓄了。可惜的是，在讲座结束后，仅有 14% 的研究对象参加了养老保险计划。如果这些新加入 401（k）养老保险计划的人的储蓄率为 6% 的话，那么这场费钱费时的讲座将全体与会者的平均储蓄率提升了还不到 1%（14%×6%）。

如此看来不如给他们装个 APP。

对个人资产网的研究发现表明，在正确的时间得到正确的信息才能显著削减花费，当然，其中也存在很多需要注意的地方。首先，对于一些新用户，这类反馈的影响可能不会持续，因为我们只有手机安装了该 APP 四个月以来的数据。用户可能之后不再查询他们的账户，而又回到原来的消费习惯。其次，个人资产网的用户群多数为年轻、富有、懂技术的人群。还需要更多研究来确保这些结果对其他人也适用。

然而，我认为至少当数据落到倒 U 形曲线的合适位置时，我们的研究数据才是一个可用来表明数字反馈的影响有多大的明显例子。虽然个人资产网的 APP 自身不具备什么导向功能——它不会阻止你去花钱，也不会帮你去省钱，但用户能够根据信息自己做判断。他们知道自己需要什么，特别是在做一个购买决策时，是最需要一些反馈的。有时候，时机才是一切。

这里有一个更大的教训。过度消费一般被说成是自控力有限——消费者没有放弃购买的意志力。许多自控力差的问题很容易让我们丧失信心，似乎加强自律是一件办不到的事情，比如美国的肥胖问题，虽然有一长串干预行为，可还是越来越糟。然而，我们的实地研究提示我们可以改变，一款简洁、可以发出直接反馈的 APP，在很大程度上可以提升我们的自控力。

还有另外一个可能因为反馈才产生了深远的正面影响的例子。宾夕法尼亚大学的心理学家菲利普·泰特罗克（Philip Tetlock）最为人所知的也许是在专家预测方面的成就。几十年前他就开始跟踪 280 多名以“评论或献计政治经济趋势”为生的人。他的名单里面有政治学家、经济学家、新闻工作者，甚至还有情报分析员。每隔几个月，泰特罗克会让这些专家对各种未来事件做一下预测，比如，通货膨胀会加剧吗？谁能赢得下届总统大选？魁北克会从加拿大分离出去吗？在研究结束前，泰特罗克把专家们的答复量化为大约 27 500 个预测问题。

泰特罗克在总结了这些数据后发现，很明显大部分专家并不十分可靠，他们的预测勉强胜过乱猜。很难一句话解释清楚这些失败的预测。专家预测的不准确性是由一系列认知偏差所造成的，既有对趋势把握的过度自信，也有对未来的看法太过单一。许多专家没有考虑相互矛盾的证据，泰特罗克在一篇与丹·加德纳（Dan Gardner）合作的文章中写道，他们更喜欢“让分析简单、优雅，把‘干扰’最小化”。更糟糕的是，他们很少检讨过去的预测，或者从失败中汲取教训。很不幸，这意味着他们很难在预测这方面有所进步——他们预测的精确性一直不高。

但也不必绝望：泰特罗克的最新研究成果表明，大幅提高我们的预测能力还是有可能的，前提是要获得足够的反馈。我们不会变得无所不知，但至少要清楚自己知道什么和不知道什么。在美国高级情报研究计划署（Intelligence Advanced Research Projects Activity，简称 IARPA，美国情报体系中的一个分支）资助的一项长期研究中，泰特罗克和同事尝试了解他们是否可以用反馈来加强几千名业余志愿者的预测能力（对志愿者唯一的“要求”是要有学士学位，这个要求甚至也是可以免除的）。首先从这些志愿者中鉴别出一些最有潜力的预测者——这些志愿者看上去不太会受到那些专家们的认知偏见的影响；然后要求他们对当前的各种事件作出预测，从对叙利亚进行武器核查的可能性到委内瑞拉石油补贴的前景。之后给他们的预测以大量反馈——让他们知道什么时候他们是对的，更重要的是什么时候他们错了，并教会他们如何避免那些最普通的认知错误。三年之后，这个简单的系统产生了惊人的结果。特别是，它培养了被泰特罗克称为“超级预测者”的人，他们完全可以击败其他专家和计算机算法。在许多情况下，他们都是完胜，这些超级预测者的预测准确率比对手高出35%~65%。他们的表现甚至让能接触到机密信息的美国中央情报局情报分析员都甘拜下风。

泰特罗克的研究表明，在真实世界的设定中，有效反馈是有效思考的关键因素。当涉及预测时，提高预测效率的最有效方法之一就是创造一个“结果相关的学习架构”，在该架构中，人们会源源不断地收到有关他们预测准确性的反馈（换句话说，不断给他们打分）。事实上，泰特罗克提到，在这场IARPA的较量中（而非在他原来针对专家的调查访问中），之所以有可能产生超级预测者的原因之一就是，这些预测者预测的都是当前发生的事情，因此他们能收到更及时的反馈。在数字世界中，这个反馈架构当然更容易管理。不仅仅是更容易跟踪预测，还能用更及时的方式把反馈传递出去，使得学习潜能最大化。而在模拟世界中则很难跟踪预测，因此会让专家很容易把错误的预测忽略掉。

例如，泰特罗克设想在IARPA项目之上创建一个能自动记录和跟踪人类预测的在线系统。“想象有一块记录着预测者准确率的记分牌，”他在与丹·加德纳合作的文章中写道，“想象一下在一场政策辩论会上，双方支持者预先精确指明了他们的理想方案会产生什么样的结果……以及在什么条件下某一方会承认说‘是我错了。’”按照泰特罗克的说法，这种反馈机制有巨大的好处，能提高公共话语中的信噪比，使得学术辩论更清晰。“至少，”他写道，“它将突显我们的预测和预期有多失败。”在这个专家自负的世界里，这面新镜子或许是让他们保持谦卑的最好方法。

反馈过多，比没有反馈更可怕

如果反馈越多就越好，如果依靠大量智能传感器提供关于自身的反馈就能治愈世界上的疑难杂症，那该有多好。唉，绝对不是这样的，这面镜子无法解决所有问题。事实上，太多的反馈正把人们推向倒 U 形曲线右侧——有时候比没有反馈还糟糕。因为给人们提供这类新型数字信息还仅仅是第一步，更重要的是用户会如何回应。

举个把反馈运用在投资决策上的例子。个人资产网的移动 APP 的确帮助人们缩减了开销，但如果说到对投资组合的反馈可能就不是那么回事了。在一项我和理查德·泰勒合作的研究中，我们发现，大量的投资反馈会触发一种被称为“短视损失厌恶”（Myopic Loss Aversion）的认知错误。这个术语描述了一种非常普遍的错误，它发生于投资者基于他们投资组合的短期损失而做决定时，甚至在他们本该有一个长期投资计划时。

试想一下你核对标准普尔 500 指数股票市场的日收益的场景。如果你每天都要看一次，那大约 47% 的可能性市场是下跌的。可如果你是一个月看一次呢？这个数字会好看一点，因为市场下跌的可能性下降到了 41%。如果一年看一次会更好，因为 10 年里有 7 年，投资标准普尔指数股票会有正收益。如果 10 年核对一次，那么只有大约 15% 的时间会有坏消息。

短视损失厌恶

人们在频繁决策时会表现出短视，频繁地评估短期收益，并因损失厌恶而减少风险投资的现象。

为什么这很重要？因为有切实的证据证明，我们正在经历这样的损失——注意到自己的投资组合正在亏钱，会导致糟糕决策。理查德·泰勒、阿摩司·特韦尔斯基（Amos Tversky）、丹尼尔·卡尼曼（Daniel Kahneman）和艾伦·施瓦茨（Alan Schwartz）在一项实验室实验中发现，受试者在不断获得反馈的情况下更倾向于投资债券基金。而不幸的是，低风险债券从长远来看，回报是很低的。那几位科学家指出："不断把投资回报反馈给这些投资者，就像在鼓励他们去做最差的投资……更多的反馈并非总是好事。获得最多反馈数据的受试者赚到的钱最少。"这是损失厌恶产生的恶性循环，我们对损失的厌恶只会让我们损失更多。

让我们回到数字世界。由于在线设备的丰富，我想大多数人最终会越来越频繁地查看他们的投资组合（苹果设备上的股票 APP 并不能轻易删除，它是苹果手机和苹果手表预装的）。随着时间的推移，泛滥的反馈信息让人们更容易产生短视损失厌恶，因为你查看标准普尔 500 股票越频繁，就越有可能看到它在下跌。这样一来，我们的投资周期会随着查看反馈的频率增加而锐减。这显然是一个可怕的想法。假如你的 401（k）养老保险计划为期 30 年（也就是说，你要再过几十年才打算退休），你就不应该过多查看你的短期亏损，因为这会让你的投资行为变得过于保守。例如，在和理查德·泰勒合作的一篇论文中，我们指出，普通投资者的投资跨度为一年——他们会在一年内平仓，这会导致他们在股票市场投资不足，而在债券市场投资过多。

但是这个研究发现也是 20 年前的事了。我们进行这项研究时，高盛还没有开发 APP，人们也没法通过划动手指来进行投资交易。现在我担心的是，拜源源不断的投资反馈所赐，我们处在了倒 U 形曲线的极右端——人们的投资周期越来越短，而这导致了更糟的投资表现。这说明了短视损失厌恶可能是一种会被网络世界放大的行为准则，会给普通投资者带来损失。诚然，我并非在预测股票市场未来的走势——我并不知道会发生什么，但是，我想我们也许很快会到达那样一个点：高反馈的投资者甚至不愿意持有债券了，因为债券有时候还是会下跌的。他们可能改握现金在手上。

这类新型的数字反馈还会使我们对市场泡沫更为敏感，从而不利于我们的投资决策。细想一下贝内德托·德·马蒂诺（Benedetto De Martino）最近主持的一项实验。在这项实验中，加州理工学院的学生被问及是否想要投资一个有泡沫的市场，在这样的市场里，资产价格远高于基本价值（股票的价值就是基于未来支付的股息）。有趣的是，受试者与其他投资者的行为趋于一致，他们更倾向于投资有投机性质的泡沫（马蒂诺和同事采用了标准行为作业与脑成像进行了实验测量）。"通常而言，在日常社交和专业领域中，这种读心术对个人来说是有用的。"科林·凯莫勒（Colin Camerer）在 2013 年的一次访问中说道，他是论文的合作者之一，"但是在金融市场中，当价格疯狂上涨时，这些人就会想，'哇！我想我搞清楚这些市场了。我可以交易了。'这通常会加剧市场泡沫化，从而最终令他们付出代价。"

经济学理论长期以来都认为泡沫是由所谓傻瓜们的钱造成的，即那些对投机缺乏相关信息的投资者，而这项新的研究表明，泡沫可能是由于过多的反馈加剧的。

另一项由弗吉尼亚理工学院的特里·劳伦兹（Terry Lohrenz）、梅吉汉娜·巴特（Meghana Bhatt）以及他们的同事进行的实验也得到了类似结果。他们让受试者一起玩一个投资游戏，实验表明了市场中的人们会自然而然地互相仿效，甚至是从悬崖跌落之时（在研究中，科学家们采用的是真实的历史泡沫，比如 1986 年日经指数的泡沫）。我们的非理性繁荣是可传染的，通过屏幕它传播得更快。

在市场泡沫破裂之后还有一个类似问题。试想一下在下一轮市场修正的时候会有什么严重后果，特别是当成千上万的投资者对着他们的智能手机和平板电脑，眼睁睁看着毕生积蓄灰飞烟灭。在这种时刻是极难保持克制的，更不用谈什么长期收益了。这就是为什么在一场金融崩溃中，普通投资者中得到较少反馈的人反而更可能受益，因为他们更容易避免那些令他们事后感到后悔的抛售冲动和从众行为。

此外，数字设备会让这种由过多反馈引发的错误直觉所导致的行为更容易发生。20 年前，我们大多数人必须要靠打电话给股票经纪人来下达买卖指令。如果这是一条在泡沫积聚的中期下达的相当愚蠢的指令，股票经纪人可能会在电话上说服你放弃买卖。但是现在我们只需要通过在手机上进行点击就可以完成重大交易了，这让我们很容易就做出欠考虑的投资决策。

上述这些投资实例提醒我们，反馈是与人相关的。额外的财务信息可能是出于好意——难道我们不应该让人们很便捷地查询自己的投资组合吗？但引发投资者的反应也必须被纳入考虑之内。就拿由玛雅·莎通（Maya Shaton）在现实世界中进行的实验结果来说吧。2010 年的新年第一天，以色列政府的法规制定者对发布给投资者的有关退休账户的信息进行了适当微调。在规则修改之前，大多数账户看到的收益是按月显示，即告知投资者在过去 30 天他们的投资是如何完成的。新规发布之后，任何短于一年的收益都不得列出。投资者如果想要查询他们的短期收益也还是可以的，但是稍微麻烦一点，不过大多数人不想麻烦多事。规则的改变对于人们进行投资决策有着积极而重大的影响。根据莎通汇编的数据，改变提供反馈的方式，比如把时间坐标拉长，会让人们做出更好的投资决策。人们的交易减少了（进行长期投资总是聪明的投资方式），并且似乎承担了更明智的风险。

在非金融领域，此逻辑也同样适用。美国社会心理学家所罗门·阿希（Solomon Asch）进行的一项经典研究表明，趋同冲动是一种强大的人性倾向，人们会因此而改变对一些显而易见的事实的看法。在阿希的实验中，当受试者接触到来自其所在群组的其他人的错误答案之后，至少有一次，他们会在即使明知道答案是错误的情况下，为了跟群组保持一致而修改自己的答案。鉴于显示在屏幕上的反馈过多（看一下一篇微博下面的所有评论），我不禁怀疑，趋同性是以一种不好的方式在屏幕上被放大的另一个心理学原理的例子。我们之所以容易被群体影响，是因为我们离不开群体。即使在独处的时候，我们离了解他人想法也仅仅是一个手指滑动的距离。

THE SMARTER SCREEN “好友”反馈的影响力测试

最近瑞士研究人员调查了社交媒体上“好友”反馈所带来的影响。圣加仑大学的心理学家克里斯汀·希尔德布兰德（Christian Hildebrand）受到了许多在线购物网站的启发，比如 Nike.com 和 Lego.com，它们鼓励消费者将购物体验分享到 Facebook、Twitter、Instagram 以及 Pinterest 上（许多网站会给分享者一些优惠券和奖励）。希尔德布兰德想知道，所有这些分享出来的东西会如何影响消费者的选择和满意度。来自朋友和陌生人的反馈会让我们在买东西的时候更开心吗？会让我们对新买的跑鞋和乐高玩具更满意吗？

答案是“完全不会”。在一项与汽车制造商合作的研究中，希尔德布兰德调查了社交媒体上的反馈是如何影响人们选购汽车的。他说，通常来讲，听从他人意见的消费者往往不会挑选与众不同的车和配置（比如车身颜色）。他们会选灰色的轿车，而不是亮黄色的跑车。他们要和大众保持一致。

唉，这种趋同性也是有实实在在成本的。就拿我们购物时从朋友那里得到的反馈数量来说，即使反馈只是一点点，作用也很大了。

THE SMARTER SCREEN　反馈如何影响消费者满意度测试

在另一项实验中，希尔德布兰德和同事开发了一款用来设计珠宝的在线工具。他们还专门创建了一个可供与他人分享这些珠宝设计的网络平台。在实验开始阶段，他们要求 1 000 多名女性设计一对耳环。然后给这些女性一些有关她们设计的耳环的反馈，并告诉她们反馈是来自组里其他人的。科学家发现，这些女性就跟之前那些汽车买家一样，会根据收到的评论修改她们的设计。随着时间的推移，这些修改让她们对最终设计结果很不满意。

在另一项后续研究中，希尔德布兰德按照设计把耳环做了出来。几个星期后，研究人员打电话给这些女性让她们买下这些耳环。那些当初得到反馈的女性中佩戴耳环的人数，只有当初没有得到反馈的女性的一半。得到反馈的女性给出的平均回购价格是 14 瑞士法郎，这个价格也是没有得到反馈的女性的一半。

“我们的研究结果表明，反馈抑制了创新，减少了原创，还降低了消费者满意度。”希尔德布兰德和同事们写道。尽管有这样的实验结果，一些公司依旧鼓励它们的客户在社交媒体上分享自己的购物体验。当然，分享带来的问题就是人们还说出了他们的想法。这类反馈并没让我们做出更聪明的决策，反而让我们对已经做出的决策不满了。

不是所有的墙都需要一面镜子。

匿名的屏幕，松绑效应的两面性

过去许多学者对一类来电比较害怕：受某本学术期刊的编辑邀请去评审某人的论文。这种同行间的评审显然是必需的，但是这种评审很花时间且没有报酬（这有点像义务陪审员——某些事情是需要有人去做的，但那个人最好不是自己）。然而电话的人际属性——电话那头的编辑做一对一请求时，让人很难说不，至少我是如此。

如今评审系统的工作方法发生了很大变化。大多数编辑通过系统自动发送电子邮件来征求学者同意。乍一看，似乎更有效率了：电子邮件比电话的速度更快；请求的内容是一样的，可以重复利用。而不幸的是，对这些期刊来说，这些电子邮件也更容易被回绝。当想到电话那头是一个让我尊敬的编辑时，我可能会对回绝他有负罪感，但是点击一下“拒绝”在感情上来说就轻松多了（当然，我会同意评审所有我能够审核的论文，因为现代科学就是依赖于同行间评审流程的）。这不只是我的感觉。我曾经跟期刊编辑谈过，他们告诉我，自从新的电子邮件系统到位后，拒绝评审请求的学者比例激增。

这种情况在学术界已经成为一个大问题了。

期刊编辑认识到，麻烦的是给学者发送评审请求的方式——通过打电话和通过发电子邮件，得到的回复是不一样的。例如，某个朋友给我特别推荐一本书，即使我对这本书没有兴趣，我也通常会谢谢他的推荐。但如果是亚马逊给我推荐，我会毫无顾忌地告诉计算机它错了，我确定我不会喜欢这本书。我会毫不避讳地告诉计算机我的真实想法，因为它不过就是一台机器——它不会被冒犯，也不会小看我。在晚宴上，我绝不会对主人说我不喜欢他的食物，即使这是事实；而点评网站上则充满了愤怒的评论，因为人们可以对着屏幕发泄怒气。

这些行为上的差别是由屏幕的自然属性带来的。结果是，面对计算机我们有种匿名的感觉，然而却会在意来自人的反馈，因为我们知道计算机只是一堆运行着 0 和 1 代码的微芯片和线缆而已。因此我们不太会关注屏幕所给的反馈；它们不具有人类属性，它们的建议也容易不被理睬。

这种匿名性也有两面，我们从好的一面说起。事实证明，人与屏幕的互动比与他人的互动更为诚实（Yelp、TripAdvisor 以及其他点评网站上的负面评论就是这种现象的例证）。我们称之为“松绑效应”（Disinhibition Effect），它很容易伴随技术的出现而产生。根据西英格兰大学的心理学家亚当·乔因森（Adam Joinson）的说法，屏幕能够引发松绑效应是因为它们消除了人们因为他人评价而产生的正常的焦虑和自我意识情绪。乔因森举了各种事例来说明网络松绑效应是如何影响我们的行为的，从网络日志（人们在上面非常坦诚，

松绑效应

屏幕能够引发松绑效应是因为它们消除了人们因为他人的评价而产生的正常的焦虑和自我意识的情绪，人们与屏幕的互动比与人的互动更为诚实。

即使论坛是公开的）到网络色情（它的内容远比非数字内容来得“奇异”）。这种效应甚至影响到了学生在收到短文写作反馈时的反应。那些从一台电脑处得到反馈的学生，会比那些从指导老师那里得到反馈的学生，要修改和重写更多次。因为学生面对电脑的评判时不会感觉受到了威胁或者冒犯——电脑只是没脑子的机器而已，他们在反思自己做错的东西时不会有戒备心理。然后他们可以因此而修正错误。

然而，松绑效应带来的最重要的结果几乎肯定发生在医生的办公室。乔因森注意到，那些被问到健康状况的病人，通过“计算机辅助自我访谈”（在计算机屏幕上填写一份问卷），会比由医生询问，更容易说出“更多健康相关的问题以及使用的药物”。而且有迹象显示他们更为诚实了，比如男人坦承其实他的性伴侣比他声称的少，女人也会坦承其实她有更多的性伴侣（这纠正了一个长久以来两性在性伴侣数量方面存在差异的观念）。

再看一下密歇根大学的认知心理学家弗雷德·康拉德（Fred Conrad）的研究结果。

THE SMARTER SCREEN　松绑效应测试

几年前，康拉德调查了人们在面对电脑屏幕而不是医生护士时，是如何回答饮酒习惯问题的。他招募了 600 名 iPhone 用户，随机给他们分配不同的测试条件。对于其中一部分受试者，研究人员通过人声来询问他们多久酗一次酒，而对另一部分受试者则通过手机短信来询问。很快一个清楚的模式显现出来：当问题是以屏幕文字的形式显现时，人们回答问题更坦诚，超过 1/3 的人承认在过去 30 天中有过酗酒行为。

简而言之，人们似乎更愿意对着一台匿名的机器坦白那些他们永远都不会对医生说的事情。

这项研究可带来一些显著的应用。拿酗酒来说，根据美国疾病控制中心（Centers for Disease Control，简称 CDC）的曼蒂·斯塔赫（Mandy Stahre）以及同事在 2014 年发表的论文，美国所有劳动人口的潜在寿命损失中，大约有一成是因为酗酒，那些人的寿命缩短了将近 30 年。所有痛饮都会带来沉重的代价：CDC 预测，酗酒每年会给美国带来 2 000 亿美元的损失。

如何化解这类健康危机？首先是找出谁有酗酒问题。杜克大学公共政策系教授菲利普·库克（Philip Cook）指出，重度酗酒者平均一周喝 70 杯酒，也就是每天都要喝掉将近两瓶红酒或者 10 多瓶啤酒。遗憾的是，许多重度酗酒者对他们喝了多少酒这个问题撒了谎，这使得预防治疗措施很难进行。结果就是，医生直到酒精已经对酗酒者造成永久伤害之后才能介入治疗，可惜为时已晚。

THE SMARTER SCREEN 多屏时代的商业机会

这里松绑效应可能会被证明有用。我们应该让电脑代替医生来询问病人有哪些坏习惯（医生可能也会欢迎这样的设置，因为许多医生也表示对刺探病人的生活感到很尴尬）。数据也显示这种方法得到的答案更真实，这有助于医生来确认哪些人需要治疗。不仅仅是对酗酒，相关研究表明，用电脑问答方式有助于揭露多种危害健康的行为。当说到一些敏感话题时，不介入人的反馈有很大的优势，在多屏时代，让人不介入也很简单。

现在说一点坏消息。尽管匿名的设备会让我们变得更诚实，但它们也会让我们沉溺于很多不负责任的行为中。这些不负责任的行为的副产品在互联网上到处泛滥，这就是为什么人们会在微博评论上留下那么多污言秽语：某个新闻网站的一项研究发现，22% 的留言中包含不文明的内容。如果我们知道某人正在看着我们的时候，这些行为是永远不会发生的——我们不会贸然走到一个陌生人跟前对他说你是个大白痴，但是人们在网络上一直在做着这些事情。

匿名的屏幕还有一个负面影响，一个比网络粗鲁评论大得多的影响。近几年，许多连锁餐厅引进了电子菜单，这样顾客就可以在屏幕上而不是通过服务员点食物和饮料（2014 年，Chili’s 和 APPlebee’s 连锁餐厅宣布，他们的餐厅里配备了将近 150 000 个平板电脑。与此同时，麦当劳正在它的多处门店实地测试让顾客通过手机 APP 来下单）。对于这些连锁餐厅来说，这些设备显然有很多好处，能够提高员工的工作效率，减少人为出错的可能性。

然而务必记住，屏幕并非是中立的信息传播者，它们甚至时常改变我们对信息作出反应的方式，会产生意想不到的连锁效应，我们需要预先想到这一点。就拿餐厅的屏幕来说，麦当劳可能以为，那些通过手机下单的顾客点的食物种类应该和面对收银员时点的东西是一样的。但是他们错了。当我们通过屏幕下单时——当职员的反馈从等式中被剔除时，我们的偏好正以一种可预测的方式被改变。

不幸的是，这种改变对我们的健康是无益的。

THE SMARTER SCREEN 反馈的负面效应测试

阿维·戈德法布（Avi Goldfarb）、赖安·麦克德维特（Ryan McDevitt）、珊普莎·萨米拉（Sampsa Samila）以及布莱恩·西尔弗曼（Brian Silverman）等几位科学家分析了一家大型比萨连锁店 4 年多时间里的 16 万个订单。因为这家连锁店在研究中期引入了一种在线订餐系统，研究人员得以实地试验该技术的引进是如何改变顾客下单的。根据研究数据，顾客在网上下单时，会选择配料更多、更昂贵的比萨，比平时买的多了 33% 的配料和 6% 的卡路里。他们会选择一些异乎寻常的配料，比如"4 倍培根"或者火腿、凤梨和蘑菇，而不再选择普通的意大利辣肠比萨（当可以网上下单时，培根的销量增加了 20%）。虽然这些订单反映了我们的个性偏好——经济学家提出，在线订餐的顾客会因为较高的消费者盈余而感到更满意，但是很明显，这些食物并不利于我们的健康。我们可能会想要一个堆满培根的比萨，但是我们的动脉血管绝对不会这么想。

为何人们会在屏幕上订购不利于健康的食物呢？戈德法布和同事认为，这种现象是由网络松绑效应驱动的，我们不必担忧其他人会怎么看我们不健康的订单（之前的研究发现，当受试者意识到科学家正在跟踪他们的食物摄入时会摄入更少的卡路里，在其他人面前，人们更愿意留一些食物在餐盘之中）。换句话说，因为屏幕几乎不给我们反馈——数码产品不会做判断，我们会随意放纵自身最不负责任的需求。

在最近几年，屏幕的匿名性改变的不仅仅是人们的食物消费，还有文化消费。《五十度灰》是一部关于性虐待的色情小说，此书在 2012 年一上市就名声大噪，不到3年就卖出了1亿本。这本品味独特的书是如何成为畅销书的呢？科技在其中扮演了一个重要角色。销量最高点时，《五十度灰》的电子书销量是纸质书的6倍。数字版的吸引力是显而易见的，因为读者不必忍受书店店员的藐视，在公共场合阅读时也不会被外人评判。只有他们的电子阅读器才知道，他们正沉浸于情色书籍之中。

当然这种低俗小说本身没什么不对，但是当我们越来越多地在网络上做一些选择时，有必要想一想，我们做选择的方式有多少是因为缺少人的反馈而被影响了。告诉医生实情听起来不错，但是要承认我们喜欢吃堆满培根的比萨似乎就不太好了。

有效反馈的7大准则

快写完本章的时候，我带家人到以色列待了一个月。我们去的时机不是很理想——到达之后不久，以色列和哈马斯武装分子在加沙地带爆发了冲突。武装分子每天向以色列境内发射几十枚导弹，以色列战机则袭击了哈马斯武装的导弹工厂和领导人作为回应。我们期待的夏日海滩度假被打断了，在听到一串空袭警报后飞奔到当地防空洞。

我在以色列长大，以前就听过同样的警报很多次，所以这对我而言并不是新鲜事。然而，我很快被触动了，那就是，当受到袭击时技术是如何改变这种体验的（有些人可能会觉得我天真，但是我的确希望以色列和巴勒斯坦人民可以过上和平的生活，专注让经济繁荣的技术）。对我家人而言，最大的变化是一款叫作“红色警报”的手机APP的出现，它会实时把来自以色列国防部的警告信息发送给人们，即使人们没有听到警报声也能看到。很多次，收到的警报最早是来自手机的，这让红色警报的用户可以额外提前许多秒去找防空洞。在 2014 年那个暴力冲突的夏天，将近 100 万人次下载了这款 APP。这个数字是一个什么概念呢，这么说吧，有 500 万以色列人生活在这个危险地区。

乍一看，红色警报就像对过时的空袭警报的一种改进。导弹袭来时谁不想快点知道呢？但是，当我在这款 APP 上花了一定时间之后，我开始怀疑它发出反馈的有效性，以及它是否是让本来就有的压力雪上加霜。有多少个白天黑夜，手里拿着的手机嗡嗡作响，我发现我希望自己从来没有下载过这个 APP。

换句话说，红色警报完美阐释了所有这些新型数字反馈兼具的机遇和危险。这对我们来说也是一个提醒，当 APP 代表了巨大的机遇时——那额外的几秒钟是可以挽救生命的。但我们还要确保信息反馈的有效性，并让它以一种符合人性的文字方式而存在，因为不好的反馈不仅浪费了像素和带宽，实际上还是有害的。在这一节，我想列出高质量数字反馈的 7 条基本准则。当然，我列出来的并非全部，随着更多研究的进行，还会出现新的准则。但这是来自我躲在防空洞焦急地盯着手机猜测导弹下一次会落到何处时的一部分想法。

准则 1：找准时机

数字反馈的设计变量如此之多，以至于我们很容易就忘了其中一个很重要的因素，就是时机。考虑到有那么多信息争相吸引我们的注意力，反馈必须要出现在正确的时机才能产生影响。

就拿红色警报来说好了。这个 APP 的全部功能就是迅速反馈，它要能在导弹到达地面之前发出警告。实际上，数字反馈的速度可能是它最大的优势了。破天荒第一次，我们能在行为一发生时就把反馈发送出去；相关信息总是有求必达，没有延时。需要几天才能看到每月银行账单，或者导弹击中后才有新闻报道的日子一去不复返了。

如果使用得当，这种即时反馈被证明是相当有效的。拿金融教育来说，虽然这些试图教人们最好的消费和投资方法的课程通常是非常没有效果的（有一项元评估发现，即使 24 小时的课程也不会有持久效果），但是如果这种教学恰巧是在客户做相关的金融决策时进行则非常有用（这就是所谓的“适时”金融教学）。至少，我们在与个人资产网一起进行的实测中了解到的就是这样。美国联邦储备理事会做的一项研究显示，客户经常会用数字设备来获取资金的反馈。此外，这类反馈让客户在决定是否消费时更为自律，他们不会再买负担不起的东西。个人资产网直观上的设计肯定起了很大作用，但是最大的突破其实是它的反馈时机。**当我们想用反馈来改变人们的行为时，我们有一个非常有限的、短暂的时间窗口——如果人们需要它的时候它不出现，那么反馈是不会起作用的。**

准则 2：个性化

红色警报 APP 允许用户对自己的导弹预警定位进行设置，例如，我可以选择我想了解的特拉维夫附近某处的信息。但是这种设置有一个问题——它不会自动完成。这款 APP 不会跟踪我的地理位置，这意味着我必须预先告诉 APP 我想要去的地方。如果有一天我想去耶路撒冷，除非我手动设置好位置，不然这款 APP 就没用了。如果我开车在特拉维夫周边办事，那就得不停地更新我的地理位置。

我想这是一个被错失的很好的机会。毕竟，数字反馈的一大主要优势就是它能很容易自动定制我们需要的信息，分析数据，然后传递相关信息（第 6 章有对此的详述）。我有很多可以自动跟踪我位置信息的 APP，比如雅虎天气、Waze——如果红色警报也能做到这一点，我想我会更多地使用它。**最好的反馈都是从高效地测量开始，那些设备不露声色，以至于我们都忘了它们正在监控着我们。**

准则 3：避免过多反馈

在 2014 年 7 月充满敌对状态的头 10 天里，哈马斯向以色列领空发射了 1 200 多枚导弹。大部分导弹要么被拦截了下来，要么掉落到了无人区，并未造成伤害。然而，因为红色警报并不会自动设置它们的位置，因此许多用户收到了来自全国范围内的警报。结果，每一次导弹警报都会造成一波手机铃声大作，弄得大家都紧张兮兮。某位红色警报的用户告诉《每日野兽》（*The Daily Beast*）："每次火箭一发射，我的手机就乱套了。最后我不得不把它删除，因为它都快把我逼疯了。"另外一位用户坦承这款 APP 让她对恐惧"麻木"了。"它会不停地响，"她说，"坦白地说，我不需要每分每秒都提醒我这事儿。"

我对他们的抱怨表示理解。这款 APP 的设计者为了确保导弹来袭时预警信号不会被遗漏，最终却让用户被泛滥的可能会有导弹袭击的信息所淹没。

当用户收到了过多的反馈时——当最终到了倒 U 形曲线的右侧时，反馈很快就变成了另一种背景噪声。类似的问题也困扰了耐克的 FuelBand，它不停地告诉我要多运动，却完全无视我到底已经走了多少步。结果是我渐渐不再理睬它的任何建议，即使是我应该听从的建议。**在这个信息过载而注意力稀缺的时代，我们并不需要只能简单给出很多反馈或者记录生活中一切信息的设备，而是需要能够帮我们理出头绪，告诉我们少一点反馈而多一点有用信息的设备。**

准则 4：触发一种情感

2002 年，心理学家保罗·斯洛维奇（Paul Slovic）和同事们给一个已有的概念取了一个新名字。这个概念本身很简单：就如斯洛维奇说的那样，无数研究表明，人脑会被任何附带情绪的信息所吸引。这甚至跟情绪本身好坏无关——我们关注的是这种情绪是否会让我们感受到什么。斯洛维奇称此概念为"情感启发"（Affect Heuristic）。

这一心理捷径对反馈有着重要意义，因为它表明，**我们更有可能会注意那些负载了情绪的反馈，从而也更有可能改变未来的行为方式。**看看这盘叫作"Awesome Blossom"的油炸洋葱，通常这道菜只有智利餐馆才有。它经常被称为世界上最不健康的开胃菜之一——仅一盘菜就含有 2 710 卡路里、203 克脂肪以及 6 360 毫克钠。尽管如此，Awesome Blossom 仍然非常受欢迎，就算智利餐馆把营养信息都附注在菜单后依旧如此。

怎么会这样呢？人们明知道这道菜不健康为何还要点呢？杜克大学心理学家约翰·佩恩说，问题之一是，这种卡路里的反馈并不会让人们感受到什么；数字本身不是一种带有情绪的反应，会很容易被忽略（这也解释了为何简单地在快餐菜单上添加卡路里信息并不会产生什么影响）。然而，如果我们有办法让人们更容易弄明白什么是好、什么是坏——让信息负载有情绪，那么就有可能解决这个问题。比如，如果你了解到不得不步行 9 小时才能燃烧掉所有这些卡路里的话，你还会坚持点 Awesome Blossome 吗？或者你还会点这盘脂肪含量等同于 50 片培根的菜吗？我猜你会点一些其他食物，因为这些反馈附带了强烈的情感冲击。

数字世界开辟了一种运用情感放松原则的崭新可能性。比如，GlowCap 智能药瓶是一种在瓶盖上提醒人们吃药的药瓶。这款看似简单的产品却有一个崇高的目标：减少病人不遵医嘱的情况（这是一种病人不听从医生指导的礼貌说法）。不遵医嘱是一个大问题：大约只有一半慢性病病人按照药方服药，这大大增加了医疗保健方面的开销。据估计，大约 10% 的入院病人与他们不按药物说明书服药有直接关系。

GlowCap 是这样做的：病人先填一张处方，然后这个可以联网的塑料瓶盖会自动下载他的详细处方。比如你有高血压，根据处方开了每天两次的药，第一次在早上 7 点。当时钟走到 7 点，GlowCap 就会发出橙色光。如果瓶盖在几分钟内没有被开启，GlowCap 就开始响铃。随着时间流逝，铃声会越来越响，也越来越急促。GlowCap 的发明者戴维·罗斯（David Rose）把这一过程描述为“不断升级的提醒”。它会持续两小时。如果瓶盖仍未被打开，GlowCap 就会发送警告信息到服务器，服务器会自动发送电子邮件以及短信给病人。

这种不断升级的系统似乎非常有效，至少在帮助人们服药方面，反馈的声调反映了情况的紧急性。由于 GlowCap 是稳步提升情绪的分量（灯光变成了闪光，然后变成烦人的提示音，最后变成紧急短信），所以病人才能对提醒有所反应。在一项由美国联盟医疗体系（Partners HealthCare System）和哈佛医学院的研究人员主导的实验中，实验对照组里的高血压病人只有一半时间是按照处方服药。然而使用 GlowCap 的另一组病人则比较规矩，其遵从医嘱的比率高于 98%。

红色警报 APP 可以从这种升级提醒中学到一两招。虽然这款 APP 的基本反馈显然是充满情绪的——每次提醒音响起时的感受我都确切知道，但它可以采用逐级递进的方法，因为每次导弹袭击的危险度并不相同。在特拉维夫，提醒音响起后我有 90 秒的时间来响应；在更南部的阿什杜德，我只有 15 秒来响应。有时候导弹是朝着我的这个方向来的，其他时候可能是在几公里之外。警报的音调应该要能表达出情况的紧急性，并利用人类对情绪反馈中的微弱差别进行反应的能力。如果 APP 能做到这一点，我将更乐意听从它的警报。

准则 5：与行动计划协作

虽然我一直在批评红色警报 APP，但是需要注意的是这仅仅是第一版，以后肯定会改善。实际上，以色列政府最近宣布他们正在开发一款自己的 APP，这款 APP 不仅提醒人们有导弹袭来，而且会提供个性化的指导，告诉人们在遇到袭击时该怎么办。比如，如果你听到警报声时正走在一个不熟悉的地方，那么 APP 会将你指引到最近的防空洞。

我想这些改变代表着一个巨大的进步。原因很简单，**当反馈附带了行动指导后，它会更为有效。**诺特丹大学的大卫·尼克森（David Nickerson）最近一项研究发现，只是单单给选民打电话鼓励他们投票并不会增加投票率。但是，如果询问人们准备在何时何地投票，这样的谈话会让人们形成一个投票计划——那么这些人中有 10% 很可能会去参加选举投票（这种效应只存在于单个合格选民的家庭）。总之，只是鼓励人们也是不够的，即使是通过私人电话。相反，真正重要的是提供给人们让他们思考的反馈，从实用的角度来说，就是如何达到他们想要的结果。

当然，这种伴随反馈的指导在数字世界更容易生成。我们不必手动生成行车路线，或者每次都要发一个提醒。**如果有一种算法足够好，它就应该能够给我们找出一条从 A 到 B 的路，告诉我们如何缩短当前位置和目的地之间的距离。**有时候，它是一些去到最近防空洞的紧急路线；有时候，它是一个日程计划，建议我们在午休时间去当地投票中心投票，因为我们的手机总是知道我们什么时候有空。

准则 6：平衡正负反馈

每个数字反馈的设计者都会遇到一个有趣的心理学问题：如何对付那些不听话的人？我们是不是应该温和地提出批评，提醒他们吃错了食物或者今天的步数还不够？或者我们是不是应该无视他们的不佳表现？换句话说，我们应该如何诚实地反馈？

我不觉得这些问题有明确的答案，至少目前还没有。通常而言，科学文献强调正面反馈的重要性，因为鼓励常常会增加人们对目标一定会实现的信念：我们能够减掉赘肉，我们会多做运动，我们能够找到少花钱的办法（对于菜鸟而言正面反馈特别有用，因为他们还在寻找自信）。但是，如果需要有一点负面反馈（有时候不得不需要一些负面反馈），那么我认为传递负面反馈的方式很重要。数字反馈总是仅仅在它反映了人类心智的倾向和特质的时候才起作用。

有益的负面反馈最重要的特点就是它是对事而非对人的。最近有一项对 71 名胸外科医生的研究，这些医生正在学习一项有关心脏手术的新技术。研究人员比较想知道，外科医生们在他们不可避免的错误和失败中学到了什么。这些错误和失败会让他们变成更好的外科医生吗？下一个病人的手术会更成功吗？

不幸的是，答案常常是否定的——他们的错误并没有起到应有的教育作用。外科医生们并不是去解决这些问题，而似乎是怪罪于不受他们控制的外部因素，这些都阻碍了他们将来的进步。然而，在这个结果的背后还隐藏着一件非常有趣的事。当他们观看了同事的一次新手术失败的案例后，他们自己的手术成功率会大幅攀升。换句话说，他们很善于在他人搞砸的事情上得到教训，而不善于从自己搞砸的事情上进行学习。

这对数字反馈来说有明显的意义。它显示了人在做错了事情之后是多么有戒心，是多么不愿担责。这就是为什么要让我们的负面反馈温和且具有未来导向，只针对事情而不是个人。目的不是追责，而是通过给人们一些具体指导后，让他们在下一次能够做得更好。

在被红色警报 APP 折腾时我也在想这个事情。那时随着日子一天天过去，我对它的鸣叫声和报警声产生了恐惧。从另一个角度来说，完全可以预见得到：这款 APP 设计出来就是为了发送坏消息的，警告我什么时候会有炸弹从天而降。但是我认为，如果它能利用平衡正负反馈的重要性方面的洞察，将会更有效。

举个例子，空袭警报带来的一种不确定性就是，如何知道何时才能安全从防空洞里出来（拦截导弹的弹片要好几分钟才会落到地面）。如果是我来设计这款红色警报 APP，我会加上一个安心警报来告诉用户他们现在安全了。空袭后的这点好消息可以做到两件事：

（1）确保人们不会太早离开防空洞；

（2）让人们在事件上的情绪有一个终结，减少了因为遭受袭击而产生的长期焦虑。

有时候，负面反馈是必需的。但是如果你只有负面反馈，比如你总是告诉人们要多走路、要少吃、为活命多跑步，那么最终他们会对这个过程感到厌烦。

准则 7：遵循证据

我希望本章已经阐明了人类在对数字反馈作出反应时的意想不到的方式。在多屏时代，我们有着从未有过的机遇去了解自身行为的影响，让我们在做得对的方面不断提高。但是，这种机遇不代表就会成功，甚至最具善意的系统也可能走入歧途。这就是为何所有的数字反馈都要进行彻底检测。**我们需要知道在倒 U 形曲线的最佳位置，但是也应该试验反馈的样式和风格，不断改进这些新的镜子。我们需要从自身的反馈中得到反馈。**

你的反馈是否有效？

我特别钟爱藏头词，就是那种每行第一个字母可以拼出一个单词的助记方法。对我来说这是一种有用的记忆压缩方法，帮我的大脑靠一个提示就可以回忆起一个复杂的过程。下面我把我的 7 个行为准则重排成一个藏头词：DIGITAL（数字）。

1. Dosage（用量）：你发送了太多的反馈吗？不要让它们成为噪声。
2. I（我）：你让个性化变得容易了吗？镜子应该是高效的。
3. Good（好的）：你的反馈负面性太强了吗？如果是这样，找找其他提供正面反馈的机会。
4. Intuitive（直觉）：你运用了情感启发吗？我们直觉上会被可以触发情感的信息吸引。
5. Timing（时机）：你是在可能最有效的时机发出的反馈吗？
6. Actionable（可付诸行动的）：人们知道如何应对反馈吗？它有一个改善的计划吗？
7. Learning（学习）：你衡量过反馈的结果吗？它对行为起到改善的作用了吗？不要低估了尝试改变人类行为时的不确定性。

05

屏读，困难是必要的

THE SMARTER SCREEN

最好的设计不是让眼睛看起来更方便，而是认知易用性需求与必要难度的平衡。关键的原则是找到难度的正确剂量，用不流畅的信息提醒人们慢下来，更加审慎地思考。信息的形式应该服务于最终的目标。容易是好，但有时难比易更好。

THE SMARTER SCREEN

Surprising Ways to Influence and Improve Online Behavior

Kindle 能取代纸质图书吗

1985 年，在计算机时代伊始，心理学家苏珊·贝尔莫尔（Susan Belmore）邀请肯塔基大学的 20 名本科生做了一个简单的测试。

THE SMARTER SCREEN　屏读与纸质阅读对比测试

每名学生都被示以 8 段不同的短文本，他们要回答基于此文本的一系列问题。其中 4 段文本写在纸上（白纸，单倍行距，每行 47 个字符），另外 4 段显示在 Apple II Plus 48k 的计算机屏幕上。贝尔莫尔想知道，在屏幕上阅读文字是否可能会影响阅读的速度和理解力。

至少对计算机技术的早期使用者来说，结果是令人失望的。“这些数据表明，在计算机屏幕上阅读和在纸上阅读是不一样的，”贝尔莫尔写道，“总的来说，相对于纸质阅读，大学生在屏幕上阅读需要多花 12% 的时间，理解力却下降了 47%。”想想这意味着什么：学生在屏幕上不仅读得更慢，而且只能理解大概一半的内容。

为什么会这样呢？贝尔莫尔将其归因于这些人缺乏屏幕使用经验。因为人们不习惯在计算机上阅读，所以注意力无法集中到文字上。相较于思考文本内容，他们更关注闪烁的屏幕和像素化的字体。

在贝尔莫尔实验的随后几年，心理学家继续发现人们在计算机和纸质阅读之间的顽固性差异。20 世纪 80 年代中期，IBM 的 J. D. 古尔德（J. D. Gould）和同事开始针对这些差异进行详尽研究。在重现了贝尔莫尔的基本发现（人们在屏幕上的阅读效果更差）后，IBM 的科学家分析了一长串可能的原因。他们最终得出结论，这种现象是由众多看似不起眼的视觉要素造成的，大部分是过低的显示分辨率。正如心理学家安德鲁·狄龙（Andrew Dillon）在 1992 年发表的评论文章中指出的（部分基于古尔德的研究）："呈现给读者的图像质量非常重要……除非屏幕标准被充分提升，否则纸质阅读和屏幕阅读之间的差异很可能继续存在。"

这样的研究表明，计算机本身没有什么问题，问题是显示器的显示质量差；纸质阅读效果更好的原因是屏幕质量还没跟上。事实上，古尔德证明，如果屏幕可以达到近似印刷文字的清晰度，那么两者在阅读理解上的差异就会消失。

很明显，计算机显示器质量得到了突飞猛进的提升。单色显示器已经被可以显示 1 680 万种颜色的显示器取代；最新的 iMac 台式机的屏幕像素显示是最早的苹果 Macintosh 机的 80 倍（1984 年最好的显示器只有 17.5 万像素，而现在它们可达 1 500 万像素）。设计师甚至已经开始对字体进行调整，发明了适合 LCD 和电子墨水屏的字体，比如亚马逊宣称 Kindle 的字体已经做了"像素级的手动调整"。这样的调整都根源于一个显而易见的担忧：如果一个网站让眼睛产生不适感，那么人们就会将目光移开。

鉴于这种惊人的进步，那么数字阅读应该超越纸质阅读了吧。我们如今在屏幕上阅读也许是更方便了，因为它们惊人的清晰度让阅读更加容易了。毕竟目前苹果手机的屏幕拥有更高的解析度——iPhone 6 Plus 每英寸像素达 401，而最精致的印刷品每英寸像素才接近 300 而已。如果视觉越舒适，理解越容易，那么我们在这些“超级屏幕”上阅读应该会达到前所未有的水准，可以记住的东西也应该比以往任何时候都要多。

但是，屏幕显示质量的显著改善并没有提高阅读的理解力，反而似乎变得更糟了。看一下挪威心理学家安妮·曼根（Anne Mangen）2013 年在国家阅读教育与研究中心（National Center for Reading Education and Research）所做的实验。

THE SMARTER SCREEN 计算机考卷与印刷考卷对比测试

实验很简单，就是复制之前有关阅读和屏幕关系的研究（这项研究的动机，部分是由于挪威计划修改考试的标准方式，从现在的印刷考卷改为利用电脑屏幕）。72 名十年级学生被随机分配到任意两个组中。在第一组中，读物以 14 磅 Times New Roman 字体打印在纸上。在第二组，同样的读物以 PDF 形式显示在 15 英寸 1 280×1 024 分辨率的液晶屏上。读完之后，所有的学生都要完成几道阅读理解题。

结果发人深省。给学生提供什么内容的文本并不重要——在屏幕上阅读就是会导致阅读理解能力变得差一些。“这项研究的结果表明，相比纸质阅读，在屏幕上阅读叙事文和说明文都会导致理解能力差一些。”曼根写道。虽然没有完全明白背后的原因，但她推测，在屏幕上缺乏“时空记号”是导致阅读理解效果差的一个因素（曼根发现这个效果是显著而一致的）。她指出，在考试中些许的表现差异都可能造成重大影响。例如，在 SAT 考试中，阅读理解题多错了几道的学生（假设他在屏幕上而不是在纸上做答），他的 Verbal 部分的成绩也会下降。这表明，如果考试方式改成在电脑屏幕上，出题者就需要重新调整计分法，因为学生们在计算机上考试表现会变差。

即使现在液晶显示器已经非常漂亮，数字阅读的差距仍然持续存在，而且还是一样很明显。过去几十年来，科学家们讨论阅读理解时总假定显示器的显示质量是至关重要的变量，是对我们学习的约束。然而，我们现在有了不再逊色于纸质的屏幕，在图像质量方面甚至好于纸质，但数字阅读的差距仍继续存在。

本章讨论屏幕阅读的问题，也提供了一些可能的解决方案。因为这是一个亟待解决的问题：屏幕让我们比以前阅读得更多了，但也导致我们的阅读效果变得更差，记得更少。如果你希望人们沉浸到你提供的内容中——真正从中学习到一些东西，那么就需要了解那些导致数字阅读差距的令人意想不到的原因。

动态不流畅，感知的挣扎是一件好事

既然屏幕质量得到了巨大提升，那为什么计算机还是不适合阅读呢？我推测屏幕的质量仍然是问题，只是现在问题变成了：这些超级屏幕相比较纸质阅读来说太出色了。最初的研究是指责较差的显示器质量导致了数字阅读的差异——读起来太费劲，而我觉得目前这一代的液晶屏使得读书太过舒适了，也不需要太动脑，最终的结果是我们不能充分消化屏幕上的文字。轻松进，容易出。

难道容易不应该是一件好事吗？要知道行为经济学家已经花了数年时间来揭示让某事容易做和让人们实际去做之间的明确关系。我非常好的朋友理查德·泰勒是这么说的："我在《助推》(*Nudge*)[①] 中的最重要观点就是'让它容易'。当我说让它容易，我的意思是，如果你想要别人做一些事情，那就让这些事情容易点儿。如果你想要让人们吃更健康的食物，就要把这些更健康的食物放在食堂，使它们更方便被找到，并且把它们做得好吃些。因此在每次会议上，我会说，'让它容易些。'虽然听上去显而易见，但也很容易被忽略。"

泰勒是完全正确的：容易的优势不容小觑。网站越容易，消费者就更容易融入，也更容易完成交易。这也有助于解释，为什么亚马逊会申请一键购买系统专利，而且会自动填写用户账单地址和电子邮件等相关信息。有一项研究表明，使用智能手机尝试购物的用户中，只有 3% 的人会最终下单。该研究的作者推测，导致这个惨淡完成率的部分原因是移动设备欠缺对自动填写功能的支持。总之，花钱不太方便。

我最喜欢的一个"让它容易"的例子是最近一项有关大学生申请助学贷款的研究。正如你所预料的，贷款申请表格烦琐且复杂，尤其是对于 18 岁的学生而言。为了使这个过程更方便，美国政府与布洛克税务公司（H & R

① 理查德·泰勒和卡斯·桑斯坦（Cass Sunstein）合著，主要研究行为经济学原理在公共政策领域的应用。

Block）合作制作了新版申请软件，可以基于现有的家庭报税数据，自动填写申请表中 1/3 的内容。至少对于在校生来说，这样简单的干预带来了骄人的成绩。采用布洛克税务公司更方便的软件后，愿意提交贷款申请的学生增加了 39%。更令人印象深刻的是，受益于表格的自动填写，大学入学率增加了 30%。

但是，让事情变得更容易并不总是那么理想。特别是，当涉及学习和记忆时——这也正是阅读理解测试中所考核的技能，过度容易会导致严重的负面问题。有时，人们在信息处理稍微有难度的情况下反而会记得更多——认知困难是一件好事。

要理解为什么容易可能会产生问题，而难却可以解决这些问题，了解由康纳·戴曼德－亚特曼（Connor Diemand-Yauman）、丹尼尔·奥本海默和埃里克·沃恩（Erikka Vaughan）主导的一系列巧妙实验会很有帮助。在 2011 年发表于《认知》杂志（*Cognition*）上的一篇引用率极高的论文中，科学家们发现，使文本更难读（研究人员称之为“不流畅”），实际上可以提升长期记忆。以下有一个快速测试，让你感受下那些实验是怎么回事。

行为自测
THE SMARTER SCREEN

我给你提供了两个外星物种 pangerish 和 norgletti 的一些基本情况。请阅读下表。

The pangerish	The norgletti
· Ten feet tall（10 英尺高）	· Two feet tall（2 英尺高）
· Eats green, leafy vegetables（爱吃绿色、多叶类蔬菜）	· Eats flower petals and pollen（喜欢吃花瓣和花粉）
· Has blue eyes（蓝色眼睛）	· Has brown eyes（棕色眼睛）
· Webbed feet（蹼足）	· Distinct toes（分开的脚趾）
· Eight fingers（8 个指头）	· Four fingers（4 个指头）
· Sleeps for twelve hours（睡 12 个小时）	· Sleeps for four hours（睡 4 小时）
· Orange hair（橘色头发）	· Yellow hair（黄色头发）

读完了吗？现在请来杯水，喝两口，休息一下。

我将问你几个关于这两个外星物种的问题。这是关于记忆力的测试，所以不要看列表。把你的答案写在下面空白处。

- Norgletti 有多高?
- Pangerish 的眼睛是什么颜色的?
- Norgletti 的饮食喜好是什么?
- Pangeris 有多高?
- Norgletti 的头发是什么颜色的?
- Pangeris 有多少个指头?
- Norgletti 是蹼足吗?
- Pangeris 的头发是什么颜色的?

现在请对照表格检查你的答案。

显然，这是一个非常小的样本，所以我们不会得到显著结果，我只是想帮助你了解科学家们是如何研究流畅度的影响的。你刚开始可能没有注意到，描述表中的两个外星物种时用的是不同字体（描述 pangerish 用的是 Cosmic Sans 字体，而描述 norgletti 用的是 Arial 字体）。不同的字体影响到你的记忆了吗？

当心理学家对普林斯顿大学的 28 名本科生做了扩展版的这项研究后发现，同样的信息，使用不流畅字体，比如 12 磅 60% 灰度的 Comic Sans MS 字体或者 12 磅 60% 灰度的 Bodoni MT 字体，学生的表现要好于使用 Arial 字体时的。对于上述有关外星物种的问题，使用流畅字体时学生的答题正确率为 72.8%，使用不流畅字体时，学生的答题正确率为 86.5%（在不同的不流畅字体间没有显著差异，Comic Sans 和 Bodoni 对于增强阅读记忆的影响一致）。丑也有其优势。

当然，这个可爱的实验也有一些重要的局限性。一方面，过短的研究时间并不能反映真实的课堂情况，学生们对文本的记忆时间肯定比几分钟长。另一方面，不流畅带来的好处也有可能会在现实生活中消失。

为了解决这些问题，科学家们借助切斯特菲尔德的俄亥俄公立高中的学生做了第二次实验。

THE SMARTER SCREEN　阅读流畅度与记忆时间关系的测试

研究人员从各科老师（包括英语、物理、美国历史和化学）那里拿了一些诸如 PPT 和 Excel 等课程补充材料，然后使用多种不流畅字体变更材料上的字体，包括 *Monotype Corsiva*，*Comic Sans Italicized* 和 **Haettenschweiler**。因为参与实验的所有教师都至少会在同一个班级上两次课，所以研究人员能够严格控制实验。一组学生使用的是不流畅字体打印的材料，而另外一组使用流畅的 Helvetica 和 Arial 字体打印的材料。

几个星期后，他们对学生们进行了材料记忆考试。几乎在每一个班级，在不流畅条件下学生的表现都要显著好于流畅条件下学生的表现（唯一的例外是化学，目前原因不明）。“这项研究证明了，在广泛的学科（科学和人文类）和不同的难度等级（初级、中级和高级）中，通过将材料格式转化为稍微难读的字体，会提升学生对材料的记忆力，”研究人员写道，“流畅度显示了小的干预有可能会大幅提升学生和教育系统作为一个整体时的表现。”

需要注意的很重要的一点，并不是 Cosmic Sans 或者 **Haettenschweiler** 这些字体有什么魔力。也许由于字母之间的间距较小，或字母本身不太容易区分，使得有些字体客观上比较难读，但大多数字体不流畅的主要原因很简单：我们很少用它们，对它们不是很熟悉。例如，我的默认字体是 Calibri，到现在为止，我习惯了 Calibri 字体的样子，其他字体（即使是 Times New Roman 字体）都会让我思考变慢。我毫不怀疑，如果 Comic Sans 变成我的默认字体，那就不再有不流畅效应。我将不再仔细阅读，这种丑陋字体所带来的教育收益就会消失。唯一的长期解决方案是搞“动态不流畅”，变换我的字体从而让我的大脑不能流畅阅读任何特定字体。当然，具有讽刺意味的是，所有这些在屏幕上创造一种阅读环境的简单技巧对于古老的纸张也一样是有效的。

视觉不流畅与认知不流畅

为什么不流畅可以让人学得更多？奥本海默提到，难看的字体为一种“必要难度”（Desirable Difficulty），他还指出，多项研究表明，增加不流畅度会使受试者更仔细地处理信息。相对于仅仅阅读文本，他们会被迫去思考，快速运转的大脑会变得慢下来——要知道人们面对屏幕可能思考得更快。其结果是，人们更加深入地融入到材料中去了。

细想下最近由纽约大学心理学家亚当·奥尔特（Adam Alter）主导的一系列实验。奥尔特在他的研究中依托由心理学家沙恩·弗雷德里克（Shane Frederick）发明的著名认知反射测试（Cognitive Reflection Test，简称 CRT）。这个小测试通过设计一些靠直觉会给出错误答案的诱导性问题，来衡量受试者对心理捷径和本能的依赖程度。

行为自测
THE SMARTER SCREEN

这是 CRT 里面的一个经典问题：“一根球棒和一颗球总共为 1.10 美元，球棒比球贵了 1 美元，那么球是多少钱？”

直觉回答是 0.1 美元。当然这是不正确的，正确答案为：球是 0.05 美元，球棒是 1.05 美元。当奥尔特使用不流畅字体（浅灰色小字）进行 CRT 测试时，受试者就不会答错。在流畅的条件下，90% 的受试者会答错一道 CRT 题，但在不流畅条件下只有 35%。总之，难以阅读的文本会迫使受试者更加深入地思考问题，这样就会使他们获得更高的分数。

值得一提的是，并不是每项使用不流畅字体的研究都会得到类似的结果。许多实验发现，使用那些违反直觉的数学问题进行 CRT 测试的话，即使用很难读的字体也没什么效果，当然原因暂且还不是很清楚。虽然人们用了更长的时间来回答这些问题，但这多余的时间并不会导致更高的分数。显然，还需要做更多的研究。

在另一项实验中，奥尔特和同事杜撰了一篇新款 MP3 播放器的用户评论。当该评论的标题使用易于阅读的字体印刷时，受试者往往将重点放到表象上，比如评论者的长相等。但如果标题使用的是不流畅字体时，受试者往往会基于评论的内容下判断。

THE SMARTER SCREEN 多屏时代的商业机会

奥尔特在 2013 年的一次采访中说道，向人们展示不流畅的信息有助于增加他们审慎思考的可能性。“当事情变得困难，就会变成一种元认知告警或者信号，用以提示你本该理解得比现在好。”不流畅的感觉不再是一种不便或者烦扰，它实际上是一个重要的心理信号，告诉我们慢下来，专注，提醒我们要更多地思考。

这样的信号有很大的实际作用。我常常想，为什么印在香烟盒上的吸烟警告要用易读的 Helvetica 字体呢？鉴于不流畅效应的研究，对那些骇人警告（“吸烟有害健康”等），用 Comic Sans 字体印刷岂不是更有效吗？难道我们不是希望消费者能够注意并思考这些医生的建议吗？如果是这样，我们就应该让这些警告变得难读，而不是易读。

或者试想一下抵押贷款申请。近年来，美国政府已投入巨大努力来规范贷款文件的内容编排（《多德 - 弗兰克法案》[*Dodd-Frank*] 中对于消费者申请和完成抵押贷款时关于信息披露的强制规定超过 800 页）。有趣的是，这些新的联邦法规的要求之一是，所有相关的信息都要使用易读字体，且对于重要告知信息的字体大小不能小于 12 磅。

这显然是一个善意的规定：金融消费者保护局（Consumer Financial Protection Bureau）要确保最重要的细节，如利率或贷款期限，不能过于隐蔽而被淹没于一沓沓的精美文档中。然而，按照流畅效应来考虑一下这个要求。考虑到不流畅字体带来的额外认知反思，要求贷方用一种难读的形式来强调重要的条款会不会更合理？如果目标是让人们认真考虑是否应该去申请某项贷款，那么似乎使用 *Monotype Corsiva* 字体来印刷会更好。

让我们回到数字世界。鉴于过去几十年来技术的骄人进步，数字化信息已变得更容易处理——加强了流畅效应。虽然便利往往是一件好事，但持续不断地提升流畅性也让人们变得不太能够记住读过什么。面对屏幕上的信息，我们更喜欢略过和遗忘，而不是认真思考。你可能更容易在 iPadAir 上看完一本书，但也可能不太容易记住所读的内容。

但流畅度不只是影响阅读理解，似乎也会影响到我们的学习方式，尤其是需要做笔记的时候。帕姆·米勒（Pam Mueller）和丹尼尔·奥本海默的一项最新研究发现，学生们使用笔记本电脑和平板电脑记笔记正逐渐普遍

必要难度

存储力和提取力在记忆中有不同的作用，“有难度”的提取能提高存储力，使记忆更持久。

起来——键盘正在取代笔。虽然这一转变有许多好处，比如打字往往要比写字快，且输入的内容更容易搜索，但多项研究发现，使用笔记本电脑记笔记的学习效果较差。典型的解释是，笔记本电脑容易令人分心，学生听讲座时会查收邮件，上课时会登录 Facebook。但米勒和奥本海默想知道，到底是不是用电脑做笔记过于方便导致了学习效果变差。

THE SMARTER SCREEN 用电脑做笔记对学习效果的影响测试

在三个独立的实验中，他们向学生们展示了涉及多种主题的视频讲座（其中一些讲座来自 TED 网站；其他的则是关于面包、呼吸和疫苗的技术视频）。一半学生被随机允许使用笔记本电脑记笔记——为防分心，所有其他应用程序都被禁用；另一半学生使用纸质的笔记本进行记录。

科学家们的第一个发现是，使用笔记本电脑记笔记的学生更喜欢做“逐字”笔记。据米勒和奥本海默说，他们这样做是因为能够跟上讲座的速度。与此相反，手写笔记的学生由于听得多、写得慢则被迫做总结性笔记；他们不得不选择要记录什么。最终的结果是，后者更能够深入融入讲座，因为是先做了信息编码然后再记录下来。

这种编码带来颇多益处。在三个实验中，米勒和奥本海默发现，“笔比键盘更给力”，原因和流畅效应相关，而且这种优势即使在受试者重温所作的课堂笔记时依然存在。虽然使用

流畅性理论

个体对加工信息难易程度的一种主观体验。

笔记本电脑记笔记可以记下更多内容，但手写笔记的学生不论在事实性知识和概念性知识的测试中，得分都要比前者高很多。米勒和奥本海默的结论是，较慢的手写是另一种“必要难度”，一种使得教育成果得到改善的不流畅来源。根据这些数据，他们认为：“对于在课堂上使用笔记本电脑应该谨慎对待，尽管它们日益普及，但弊可能大于利。”

我们在探索流畅效应的影响方面才刚刚开始，尤其是在数字时代它对于思维的塑造方面。我经常想起一项由费尔菲尔德大学的心理学家琳达·亨克尔（Linda Henkel）完成的研究。

THE SMARTER SCREEN　摄影损伤效应测试

亨克尔要求受试者拍摄博物馆中的各种画作。第二天，她对他们做了关于这些艺术品的测试。她很快发现，那些使用数码相机进行拍照的受试者都不太可能记住画作的细节，至少和那些只观察画作的人比起来是这样。亨克尔称之为“摄影损伤效应”（Photo-taking-impairment Effect）。“人们总是掏出相机，不经大脑思考地捕捉某个时刻，”亨克尔告诉心理学协会，“而忽略了在他们面前正在发生的事情。”

摄影损伤效应

为了抓住某一瞬间，人们拿出了相机，但几乎不动脑子，以至于错过了眼前正在发生的事情的现象。

但亨克尔也发现了一种简单的方法可以降低这种“摄影损伤效应”。当受试者被要求放大画作的特定细节时，他们就会保存关于整部画作的记忆，包括照片取景框以外的细节。我认为不流畅有助于解释到底发生了什么。相比简单地拍摄整个画作，受试者会被迫慢下来专注到特定元素中。这样的过程稍有难度，就如同手写笔记一样，但这正是受试者把他们所看到的记住了更多的原因。

确定“难度”的正确剂量

所有这些研究带来的启示是：认知容易伴随着一些取舍。不要假设容易总是好的，而应该考虑我们的目标是什么。我们希望客户完成交易、学生完成作业吗？如果是，那么就应该最大限度地提高他们的感知和认知的流畅性，尽可能多地自动填充和使用 Helvetica 系列字体。

以最近在麻省理工学院 AgeLab 的一项研究为例。研究人员研究了汽车仪表盘屏幕上的各种字体对驾驶员表现的影响。

THE SMARTER SCREEN 行为实验

在对 82 位成年受试者进行模拟驾车测试后，他们发现，比较容易阅读、字间距大、外形易区分的人文主义字体，可以减少驾驶员不看路的时间达 10.6%（男性驾驶员效果更明显，原因暂不明）。更流畅的人文主义字体也会降低3.1%的错误判断率。这表明，当涉及汽车的仪表盘设计时，最流畅的字体是最好的，因为它们能减少干扰。

现在应该很清楚了，更好的流畅性并不是任何情况下的理想选择。这就是为什么，如果我们希望人们真正记住读到的东西，就应该认真考虑做一点不流畅的设计。这不是随随便便搞一个丑陋的设计，而是让思维放缓，去认真处理屏幕上的所有文字。有时候，使用 Papyrus Condensed 字体或许是最佳举措。但是使用一种不熟悉的字体仅仅是冰山一角，我们没有必要限制自己只使用实验心理学家所用的设计变量。当谈到不流畅设计时，任何能让感知变得不自动化的设计——无论是一点灰度变化还是一个出乎意料的界面布局，都将导致更多的认知反思。我们将不只是读屏幕上有什么，实际上可能会思考它，记住它。

THE SMARTER SCREEN 多屏时代的商业机会

在实践中怎么使用不流畅呢？关键的原则是找到难度的正确剂量，正好达到倒 U 形曲线的峰值。如果剂量太高，用户就需要过于努力，那么他们就不会再次参与，网站就只能关闭；而如果剂量太低，网站过于流畅，那么用户压根儿就可能不记得太多内容。正如任何一名医生都会告诉你的，剂量过多的用药和剂量不足的用药同样有害。

同样的原则可以扩展到网页设计的几乎所有方面。就拿连接有乘车需求的人和当地空闲车辆的 Uber 公司来说。在大多数情况下，Uber 的网站和手机 APP 都是流畅的典范。它们的特点是高对比度黑屏，白色文本；除了 Uber 标识外，所有内容都以清晰的人文主义字体呈现。Uber APP 甚至曾自夸它的“一键叫车”功能。

这是非常优秀的设计，因为 Uber 的主要目标就是让人们尽可能方便地叫到车。但是，一旦用户注册账号并开始叫车，事情就变得有些复杂了。在这一点上，Uber需要告知用户这样的服务是如何运作的。特别是，它必须确保用户理解动态定价原则。

什么是动态定价？当对司机的需求过旺时，比如暴风雪天气或者跨年夜，Uber会使用一种算法来提高费率，从而吸引更多的司机接单。正如我在前言中提到的，这有时会导致非常高的加价：在2013年12月暴雪笼罩的曼哈顿，Uber向一些客户收取了高于平时价格8.25倍的费用，导致了价格欺诈的指控和社交媒体上众多愤怒客户的指责。这表明，Uber的许多最忠实客户并不了解其基本商业模式。

首先要注意的是，8.25倍的费率几乎肯定是太高了。正如泰勒在一项由芝加哥大学布斯商学院IGM论坛进行的调查中提到的，“人们关心效率，也关心公平”，花415美元乘坐出租车似乎是不公平的。但是，即使Uber制定加价倍数的上限（我认为它应该这样），还是会有用户对最终账单感到震惊。从某种意义上说，网站的流畅设计可能会事与愿违，因为很多用户会完全不理会动态定价警告。比如在动态定价生效的晚间时段就可能无济于事，因为当时Uber的客户都可能喝多了。为了解决这个问题，Uber弹出一个单独的页面来迫使用户确认其定价机制：在叫车前，用户必须在被告知预期的加价后点击“我同意”。然而，即使这样的警告也没起作用，暴风雪期间仍然产生了很多负面反馈。其结果是，Uber被迫进入不流畅的新阶段：当动态定价倍数超过两倍时，就需要用户在叫车前自己输入确切的倍数，例如“8.25×?”。这是一个不流畅的极端例子——故意增加用户完成交易的难度，但也只是可能避免在下一次暴风雪之后Twitter上Uber用户的更多抱怨。

Uber的长期成功需要用户掌握它的定价模式。换句话说，它不只是一个出租车公司——也是一个教育企业，教授用户供求关系的逻辑和经济学的基础知识。鉴于不流畅的研究，Uber 应继续使用新的方式来帮助用户弄懂动态定价。视觉不流畅，比如改变字体是一个明显的方法——很容易通过 A/B 测试来进行调整。我认为，Uber 也应该尝试让人们进一步思考信息的认知不流畅，比如在需要用户主动输入加价倍数的情况下。Uber 是否已经到达了最佳的难度剂量？也许吧，但如果用户继续对何为动态定价感到困惑（我想有些人会认为它更类似于一种比例税），那么 Uber 就应该提高其不流畅的剂量，使用户更多地参与到数学运算中。一种可能的策略就是让用户手动完成数学计算，用车费基数乘以动态定价的倍数。这些数字也许会减缓人的思维，让用户三思是否使用此次叫车服务，从而避免做出可能很快就会后悔的决定。

这是一个很大的教训。长久以来，我们认为理想的形式总是流畅的，但事实并非如此。**最好的设计不是让眼睛看起来更方便，相反，它是认知易用性需求与必要难度的平衡。**如果使用得当，不流畅不再是拒人之外——它会让人们注意到平常忽略的内容，利用视觉提示鼓励人们更加深入地思考屏幕上的材料。信息的形式应该服务于最终的目标。容易是好，但有时难比易更好。

THE SMARTER SCREEN 本章测试

流畅与不流畅的设计，哪个更适合你?

数字世界倾向于认为流畅度越高越好——拿不准时，就让一切变得容易。但心理学文献表明，刻意使用不流畅其实会很有用，至少当它涉及需要我们更加仔细地思考屏幕上内容的时候。

1. 在你决定理想的流畅度之前，建立你的数字信息目标是很重要的。

   a. 你希望客户完成交易或快速购物吗？如果是，那么高度的流畅性是理想的。你要让这一过程尽可能容易。

   b. 你希望学生在课堂上能够记住他们读过的内容吗？如果是，那么需要给你的内容增加一些不流畅度。想办法让大脑慢下来。

   c. 你希望人们深思抵押贷款利率或吸烟警告一类的信息吗？如果是，这也要求一些不流畅度在里面。

2. 你是否使用了不同类型的不流畅方式?

   a. 你有没有使用过视觉不流畅？你可能会先改变字体，使用不太熟悉的字体，但也应该考虑新的界面布局。想办法让眼睛的工作更难一些。

   b. 你有没有考虑过认知不流畅？比如 Uber 和其他动态定价案例迫使用户手动输入信息。

3. 你有没有规定不流畅的正确剂量？平衡是至关重要的，就像过度流畅可能不会吸引人们的注意那样，难度太大也会把人吓走。使用 A/B 测试来确定使用不流畅的合适剂量。此外，眼动追踪数据可能也有助于精确定位那些需要引入不流畅的地方，让用户专注于屏幕上易被眼睛掠过的那部分内容。

06

“个性化”的诱惑力

大多数时候，未来是一个带着未知结果的抽象实体，我们对它毫无顾忌、视而不见，屈从并满足于当下的诱惑。然而，通过将个性化与视觉化相结合，我们看到了经过数字编辑后的照片中老去的自己，并进而让自己的行为表现得更负责任一点。

THE SMARTER SCREEN

Surprising Ways to Influence and Improve Online Behavior

1颗巧克力，为何能带来200美元小费

每天早上，我都在同一个地方喝咖啡。这是一家很普通的咖啡店，距离我的办公室只有几个街区。他们做的卡布奇诺是全镇最好喝的，但我并不会仅仅为了咖啡品质而每天都来这家店。更确切地说，是他们的服务质量赢得了我的忠诚。服务在我进店之前就开始了：咖啡师认出了我的车，在我停车时他们就开始做我要的咖啡了。他们还知道我喜欢用老式的5盎司白色马克杯喝卡布其诺（新式的马克杯是8盎司杯，泡沫有点多）。最后，为了我的健康，他们允许我点半份羊角面包——店主自己吃下另一半。现在是早上7点钟，我仍然有睡意，但是已经感觉有点不同。这种开启新一天的方式也不错。

这就是一个日常生活中的个性化服务的例子：咖啡师知道我喜欢什么，并迎合我的喜好。你的生活中可能享受过这样的服务，比如干洗店的店员记得你想要如何清洗自己的衬衫领子，再比如你最喜欢的服装店进了你喜欢的牛仔裤就会打电话给你。这就是为什么即使是星巴克和汉堡王这些大公司，也都在推进服务个性化的尝试，因为大家对这种服务无法抗拒。比如星巴克

鼓励顾客创造自己的“招牌”饮品，汉堡王建议顾客“我选我味”。在一个什么事情都自动完成的世界里，人们能从这种可以得到一对一关注的事情中获得巨大满足。

近些年，有科学家开始研究这种个性化服务带来的好处，不仅是对客户，还有服务客户的人。我们来看一个在纽约州伊萨卡地区的一家餐馆内做的实验。

THE SMARTER SCREEN 餐厅个性化服务测试

蒙莫斯大学（Monmouth University）的大卫·斯托梅茨（David Strohmetz）领导的研究小组想知道影响小费数量的因素。他们一开始是让服务员在递给顾客账单的时候，给“每位顾客一颗包装精美的巧克力”。不出所料，这个策略被证明是有效果的：得到巧克力的顾客给的小费平均增加了大约 2%。

心理学家很快发现一个更有效的方法。首先，让服务员给顾客一颗巧克力后就转身离开，像是要去下一位顾客那里。然后，让服务员走出几步后突然转身，径直看着顾客说，他/她是一位非常善良的顾客，一颗巧克力并不够。随后，再给顾客一颗巧克力。

效果很惊人。那些没有给顾客任何巧克力的服务员，在实验期间拿到的小费总额仅仅 1 000 美元多一点。而那些装作主动多给顾客一颗巧克力的服务员，拿到的小费涨到 1 235.75 美元。另外，这比一开始就给顾客两颗巧克力得到的小费也多很多。研究人员有了一个清晰的结论：个性化的服务可以增加小费，与“在用餐中体验到的实际服务质量”无关。

为什么个性化会这么有效？主要原因之一就是它会让我们感觉更受关注，使我们对这颗免费巧克力更有感觉。在这个充满了同质化内容的世界里，个性化服务找到了一种脱颖而出的方法，我们能感受到这种专为我们设计的信息和动作。

这些吸引到我们注意力的个性化服务能产生很大收益，在心理学家黛安娜·科尔多瓦（Diana Cordova）和马克·莱珀（Mark Lepper）的一项研究中就有阐述。

THE SMARTER SCREEN 个性化游戏的吸引力测试

实验围绕一款针对四五年级学生的数学视频游戏。这款游戏不是特别好玩，因为它要让学生做一长串算术题。对照组的学生在游戏开始前会看一段通用的游戏说明：

现在是 2088 年 7 月 28 日，地球正面临史上最糟糕的能源危机。作为美国宇宙舰队的指挥官，你的任务，同样也是你的队员的任务——航行 5 万亿公里到埃克塔星球去寻找一种有巨大能量的资源钛。所有必需物资已经装入飞船货舱了。祝你们一路好运，指挥官。

而“个性化”小组的学生读到的游戏说明是在让他们回答一些小问题的基础上专门写成的：

现在是 2088 年 ______（小朋友的生日），地球正面临史上最糟糕的能源危机。作为美国宇宙舰队的指挥官，你的任务，同样也是你的队员 ____、____、____（小朋友的三个亲密伙伴）的任务——航行 5 万亿公里到埃克塔星球去寻找一种有巨大能量的资源钛。所有必需物资，包括____、____和____（小朋友最喜欢的食物或者玩具的名字），已经装入飞船货舱了。祝你们一路好运，指挥官____（小朋友的外号）。

这些个性化的游戏说明——一个数字剪裁的简单例子，极大地影响了学生对视频游戏的态度。如果看到的游戏说明不是个性化的，学生对这个游戏的满意度平均分为 2.9 分（这里用 1~7 分来表示不同满意度）。相比之下，同样的游戏如果一开始有一段个性化说明，学生对这个游戏的满意度平均分是 5.42 分。课后为了玩游戏而愿意留下来的可能性也大约是之前的两倍。这些增加的满意带来了很大的益处，个性化小组的学生在接下来的数学测验中得到的分数，比对照组的学生高出三成。

根据科尔多瓦和莱珀的说法，个性化能增强我们的关注度和满意度有两个原因。

- 第一个原因是个性化提升了内在动力。因为个性化的信息看起来是“与自己相关的”——学生知道这些信息与自己相关，他们愿意投入更多努力来解决更难的数学问题。
- 第二个原因跟一种被称为“感知能力”的因素相关，获得个性化信息的学生对于在游戏中取得好成绩更有信心，反过来也让他们更可能在游戏中坚持下去。

研究者指出，同样的逻辑可以运用到任何复杂的信息处理工作中。有些内容除非被个性化了，否则我们可能都不会注意到它。我们把稀缺的注意力用在了与自身最相关的东西上。

当然，一旦抓住我们的注意力，就很容易影响我们的行为（对于感知不到的信息我们是不会做什么的）。至少，一些连锁酒店从中学到了一些东西。在过去 15 年，几个主要的连锁酒店一直在尝试说服他们的客人重复使用毛巾，这样可以节约水、洗涤剂和人力上的开销。你可能已经注意到酒店洗手间里有意放置的标语牌，让你把可能还要再次使用的毛巾挂起来。这些节省下来的开销是非常惊人的：一家普通酒店的大多数客人如果都重复使用他们的毛巾，那么每家酒店每年可以节约 7 万加仑的水，这几乎等于 3 个酒店泳池的水量。

唉，不过有意放置的标语牌似乎并没多大作用。根据加州大学洛杉矶分校的心理学家诺亚·戈德斯坦（Noah Goldstein）领导的一项研究显示，那些写有标准环保信息的标语牌只有 1/3 的时间是起作用的。然而，戈德斯坦也发现了一个让标语牌信息更有说服力的简单办法。经过对不同可能性进行测试之后，戈德斯坦发现个性化的信息最有效。举例来说，当人们知悉入住酒店的其他大多数客人都重复使用了毛巾时，其中大约 26% 的人有可能同样这么做。而当人们获悉入住此房间的大多数客人都重复使用了毛巾时（每张标语牌都是针对其所在房间定制的），参与到重用毛巾项目的人数增加了 33%。戈德斯坦对这个结果的解释是，**人们愿意遵从一些比如节约用水之类的亲社会准则，尤其当这些准则以他们“紧邻的周边环境”的形式表达时。越紧邻，越个性化，效果越好。**

所以个性化是有说服力的。一项又一项研究表明，信息针对个人进行剪裁可以更有效吸引到人们的注意力，并触发人们行为的改变，而这样的剪裁是否涉及个人信息、位置信息或者时间信息等则无所谓。这是每个咖啡师和销售人员都知道的道理，只是现在我们用数据来证明它。

本章主要讨论数字世界如何急剧延展个性化的可能性，从而让我们有新的契机在个人层面跟人们产生联系。第一个新契机与规模相关：通过利用智能软件和基于大数据的算法，使得花费很少的钱给数百万人定制信息已成为可能。现实世界里的个性化还是伴随着不少开销的——更好的客服需要雇用更多的人，但是这种取舍在数字世界里就不存在了。只要把代码完成，那么对 10 个人的个性化服务与对 1 000 万人的个性化服务的开销是差不多的。

我最近去以色列旅行时看到了一项互动广告活动。几年前，可口可乐公司开展了一项"分享一瓶可乐"活动，顾客可以在传统的可口可乐瓶或者罐上印上自己的名字。这项活动大大提升了销量，广受称道，很多顾客在社交媒体上分享了他们个性化的标签，每条推文都是对这款软饮料的免费广告。然而，最让我触动的是在特拉维夫周边许多高速公路上进行的一项实验性的活动。这项活动的特别之处在于一块电子广告牌和一个基于位置服务的可口可乐 APP。当用户靠近这块户外广告牌时，就会收到一条消息，提醒他们附近有一块广告牌。只需等待激动人心的几秒钟，广告牌上就会用亮光显示出他们的名字。

诚然，这是一种哗众取宠的行为，但是仍然引发了这款 APP 在几周内被下载了 10 万多次。通过个性定制的广告牌，可口可乐让人们与品牌的互动达到了前所未有的程度。正如那款以小学生的名字作为主角的数学电脑游戏吸引了学生更多的注意力一样，可口可乐这块会显示名字的广告牌也吸引了司机的更多注意力。唯一不同的是，有多少人会参与进来——游戏设计师不得不手动给每一位学生编写一个游戏，而可口可乐的 APP 做的这一切都是自动的，没有多花一分钱就得到了数以万计用户。

数字个性化不只是规模经济，也是被广泛在线使用的工具，但我认为这还只是第一步。事实上，我认为个性化的真正潜力在于，它能够与其他策略结合起来，创造出一种与世界上其他屏幕都不同的全新助推。本章我们将发掘很多新技术，从改造的自拍像到个性化视频，让人们更愿意和重要信息互动。通过运用行为科学研究成果，我们让定制专属个人的屏幕成为可能。

视觉个性化，打动用眼球“思考”的人

网络世界是讲究视觉之地。屏幕强调了“看”这个动作，一定程度上是因为屏幕是一项为了眼球而准备的技术，是一块我们凝视着的平面。但是它也是信息过载的副产品，比如面对汹涌而来的大量信息，我们的眼球仅能扫一下屏幕，搜索一下最相关的内容才能跟得上节奏。我们可能比之前思考得更快了，这意味着我们越来越多地是在用眼球“思考”。

这有助于解释为何那些运用了视觉科技的个性化新技术会让我如此兴奋。在其最基本的形式里，运用个性化图片的技术脱颖而出。它的前提是假定视觉是一种信息压缩设备，使我们能够在更小的空间、用更少的文字传递更多的内容和情感。看看一个由英国首相办公室下的行为观察小组（Behavioural Insights Team），也就是为大家熟知的唐宁街 10 号的助推小组（Nudge Unit of 10 Downing Street）采用的简单策略。这个小组创建于 2010 年夏天，由几位行为经济学家组成，致力于将学术成果应用到英国的公共政策领域，以期最终实现鼓励人们为自己做出最聪明的决策。

最近，行为观察小组对寄给那些未给自己汽车缴税的英国市民的信件做了一些改动。过去的信件都是文本形式，告知对方如果还没缴税会受到各种处罚，包括扣车以及巨额罚单。为了让这些信件更有效，科学家们开始尝试

不同形式的个性化。第一种变化是引入更具体的威胁，告知收信人如果不缴税，就会失去他们的汽车。第二种变化是加入个性化图片，信件附带了一张问题车辆的实拍照片。这两种方法都让车主变得更守法了，而添加个性化图片的方法最为有效，把守法比率从 40% 提升到了 49%。

这是一个不错的开始，但是我想我们可以做得更好。比如，如果行为观察小组开始把图片做数字化改变，又会发生什么呢？如果信件中附带一张问题车辆被拖走的图片，会不会有更多人能把税缴清呢？这个问题我很感兴趣。

类似做法可用于无数场景。比如，你可以用手机下载一款叫作“时光机器”（AgingBooth）的免费 APP。通过使用数字照片编辑效果，这款 APP 可以在脸部自动添加皱纹，使皮肤松弛下垂、双唇干瘪，让你的自拍看起来上了年纪。看着时光机器里自己的容颜，你仿佛触摸到未来的自己——一副朽骨，腰弯背驼，满脸皱纹。对比较抽象的概念，比如我会老去，有了一种更本能的感知。

其实，这种感知会对我们的未来决策产生很大影响。看一下我在加州大学洛杉矶分校的同事哈尔·赫什菲尔德（Hal Hershfield）的研究。

THE SMARTER SCREEN 视觉化工具改变个人未来规划的测试

该研究发表于 2011 年，赫什菲尔德和同事用虚拟现实技术对受试者的自画像进行了个性化处理。他们给大学生戴上特殊的眼镜，然后让其看虚拟镜子中的自己。事情从这里开始变得有趣：镜子里有一张受试者的照片，但是这张照片被数字化处理过了，让这些大学生看

> 起来像是 70 岁一样：头发灰白，皮肤上有色斑，脸上布满了皱纹。
>
> 人们在与老去的自己短暂照面之后，对自身的未来规划发生了改变。受试者在看过这些被数字化处理的形象一分钟之后，被要求把 1 000 美元分配给四个不同选项：给某人买点好东西，投资给退休基金，计划一场有趣的活动，存入活期账户。赫什菲尔德和同事发现，看到了老去的自己之后的受试者分配给退休基金的钱，比那些只看到现在的自己的人多了一倍（172 美元对 80 美元）。在另一项实验中，赫什菲尔德演示了这个方法可以很容易在网上实施。让那些上传了自己头像的受试者观看经过处理后的照片上面年老的自己，他们存起来的钱会多 40%。

为何我们会有如此表现？赫什菲尔德认为，人们总会觉得现在的自己与未来的自己是无关的。这种无关也就解释了为何有时候我们会做一些不负责任的事情，不论是吃不健康的食物（甚至明知这些食物会让我们明天感到不适），还是没有给退休生活存下足够的钱。然而，赫什菲尔德的简单视觉化工具就消除了这种分离感，让未来的自己有了一个更生动的展现。这个结果导致了人们在做决定时的突然转变，那些看到自己老去面容的人表现出来的行为与他们的长期利益更为一致。

THE SMARTER SCREEN 多屏时代的商业机会

赫什菲尔德的研究展示了数字个性化的深远影响，特别是当其与新的视觉工具结合使用时。大多数时候，未来是一个带着未知结果的抽象实体，我们对它毫无顾忌、视而不见，屈从并满足于当下的诱惑。然而，通过把个性化与视觉化相结合，赫什菲尔德让我们看到，我们对未来的忽

视是能够被部分地纠正的。尽管我们都知道应该为了以后做点储蓄（多数美国人承认他们没有足够的储蓄），但是直到看到了个性化照片里未来的自己，我们才开始让自己的行为表现得更为负责任一点。

类似技术可以以多种方式使用。我和赫什菲尔德以及戈德斯坦目前正在做一项实地研究，试图弄明白当人们在线查询401（k）养老保险账户，并同时看到自己年老时的照片时，会不会在现实世界里多存一些钱，而不是只在实验室里。在第二项实验中，赫什菲尔德和戈德斯坦想知道，身体的可视化是否能减轻长途卡车司机的体重。例如，假设一位受试者的体重一周会增加4.5斤，科学家就给他看如果照此趋势发展他6个月后体型的图片（这不太可能是恭维他们的照片）。毫无疑问，卡车司机会有严重的体重问题，工作性质让他们鲜有时间锻炼且常吃快餐。我们希望这些图片能够成为卡车司机看得见的提醒，让他们知道需要吃得健康，帮助他们养成更健康的饮食习惯。他们也会渐渐明白，现在的放纵会有实实在在的后果。

我们才只是刚开始挖掘个性化视觉的潜力。最能激发我兴趣的一项是个性化视频，视频短片是为每一名观众量身定做的。我有一个好朋友叫丹尼·卡利什（Danny Kalish），他是Idomoo.com的联合创始人，这家创业公司是开发此类视频的先驱，我是该公司学术顾问委员会的一员。卡利什注意到大多数人很少有时间阅读，更不用说去读内容复杂的东西，这让他给Idomoo想到了一个点子。“我们都很容易分心，如果内容比一条短信还长，你可能就不去看了，”他说，“所以，什么才是传递信息的最佳方法呢？我想，视频是个不错的方法。但是仅仅视频本身还不够，我们还要让它个性化。”

这类数字个性化标志着信息交流的一个转折点。几十年以来，有两种根本不同的方法告知和影响他人。一种是不针对个人的广播途径，它涵盖了从电视广告到网络页面。这种广播方式有巨大的受众——能够让数百万人看到相同的信息，但是价格不菲而且人们很容易无视（一些新技术，比如 DVR，可以轻松就把广告关了）。而另一种方法，卡利什说，就是一对一的方法，它的特点是一个训练有素的工作人员与客户互动。这种个性化的方法非常有效，但是过于昂贵而无法成规模。“个性化视频的美妙之处就在于，”卡利什说，“能够把这些策略结合起来。这样就能达到广播的规模，同时达到一对一方式的成功率。”

在一段最近的视频里，Idomoo 把一份普通电气设施的说明转变成了一段 96 秒的视频，视频以一种更为个性化的方式传递了相同的基本信息。它仍然是为了告诉用户使用方法，但是在念出数字的时候，一些个性化定制的房屋图片会出现在屏幕上。除此之外，视频还对周边社群做了比较，把用户的能耗与他们邻居的情况做了对比。“在你想说服人们节能之前，你必须得抓住他们的注意力，”卡利什说，“对于其他所有东西，它都能尽可能做到个性化。”

随后卡利什飞快说出一系列 Idomoo 的成功案例。一段银行的个性化视频使贷款申请增长了 7 倍；一段巴西某手机公司的安装指引视频使得安装失败率降低了 9%；一家大型有线电视公司的说明视频让呼叫中心的服务量减少了 30%。如卡利什所言，这些个性化视频之所以能有这些作用，是因为它们很好地模仿了优质人工客服具备的互动性。“在视频中的每一段，我能决定对你来说什么是最好的故事，”他说，“我能预测到你会对什么感兴趣。”正如卡利什提到的，这类个性化在自然地交谈中就能做到，因为我们会不断调整谈话内容以吸引他人兴趣。“这是世界上最人性化的东西，”他说，

“这是电脑之前从没办到的。现在它们可以办到了，而且能以更大规模的方式做到。”

卡利什给我们描述了这类视频是如何为那些使用电气设施的客户工作的。“如果你家耗能很大，那我们会给你讲一个与其他已经换了节能灯泡或是安装了隔热设备的人不一样的故事，”他说，“如果你的电费总是按时缴纳的，那我就没必要再跟你谈忘缴费用的事情。”

THE SMARTER SCREEN 多屏时代的商业机会

数字个性化能够让信息的传递更为有效，能让最相关的内容在最短的时间显现出来。在一个注意力稀缺的时代，当普通网站以弹出式广告、视频广告和页面横幅广告为主时，做单个受众的信息定制要比任何时候都重要。

这些新的个性化实例都选择诸如自画像和视频短片等视觉化方式并不是一个巧合。就如卡利什喜欢说的，让人们阅读大量文字信息是很难的；网络上充满了太多分散注意力的东西。这就是为什么个性化图像和个性化视频的介入通常能提高效率。**如果一张普通图片的价值等同于 1 000 个单词，那么一张个性化图片的价值就等同于 1 000 张普通图片，而一段个性化的视频则可能相当于更多个性化图片的价值。**

我希望通过这个研究能找到一种方法，就是利用个性化视觉方式来使更多人获知自己所做的选择将来会有什么结果。我不是说我们要替客户做选择，或者甚至是不给他们任何选项——我只是单纯想提醒他们，巨无霸汉堡会让其有大肚腩，以及我们老了以后是需要一些存款养老的。当然，人们都明白这个道理，我只是想赋予它一点新发现的情感力量。

时间里程碑，抓住新起点效应

一个好的餐厅服务员必须能完美把握时机，毕竟服务员这份工作要求他不断打断客人的谈话，跟客人说一下今日特色菜或者把甜品菜单递给客人。正因为如此，找到合适的时机去打断客人，让客人不会觉得被打扰到就很重要。如果一群客人正聊得不亦乐乎，那他们可能不会点鸡尾酒；如果一对夫妇正在接吻，那就稍后再给他们的水杯加水好了。

这是一个有关个性化的问题。就如这些在餐厅里的客人一样，我们对服务员的一个请求或者提供服务的时机是非常敏感的。事实上，对互动时机的个性化——确保在恰当的时间互动，与对内容的个性化同等重要。这就是为什么在一天不同时间或者一个月的不同日子发送同样的消息，会产生完全不同的结果。

沃顿商学院的戴恒晨（Hengchen Dai，音译）、凯瑟琳·米尔科曼（Katherine Milkman）以及杰森·里斯（Jason Riis）的一项研究结论对此进行了印证。在最近一系列实验中，科学家发现人们在到了一个"时间里程碑"时才可能去"实现他们的目标"，比如开始节食或者去健身房。科学家把这种现象称为"新起点效应"（The Fresh Start Effect）。这种效应的力量巨大：据统计，33.4% 的普通大学生会在一周的第一天去锻炼身体，而 47.1% 的人会在新学期的第一天去这么做。甚至生日也是一个时间里程碑，在庆祝生日后的次日去健身房的概率增加了 7.5%（意料之中的是，科学家发现这一模式并不适用于 21 岁生日[①]）。

新起点效应

一年之中的"新起点"会出现在一些临时制定的标志时间点，比如生日、新学期开始，甚至是每周一。在这些时刻，人们会更容易设定目标，并且达成目标的可能性更大。

① 美国有许多限制 21 岁以下公民行为的法令，所以 21 岁生日最值得庆祝。——译者注

米尔科曼说，她的研究给数字世界带来了实际的影响，给了我们另一个将信息个性化并触发我们行为良性变化的工具。米尔科曼指出，在激励人们去追求他们最梦寐以求的目标时，我们需要把握介入的时机，以迎合更好的那个自己，那个想要减肥、存钱以及去健身房的自己——如果我们在合适的时机做到就会很有效率。比如不要让人们随便在某个星期二开始节食，而要让他们在一个月的第一天或者生日的次日开始。我和凯瑟琳·米尔科曼、杰森·里斯以及戴恒晨目前在 6 所大学内鼓励那里的雇员为了退休而多储蓄。我们在一些雇员的个人时间里程碑之后发邮件给他们，比如生日那天，为他们提供一个可以提升其储蓄率的机会。对另一些雇员，延迟时间发邮件给他们，告诉他们同样的机会，只不过时间点跟个人里程碑没有关系。初步结果显示，那些在生日时受邀储蓄的人有更高的储蓄率。

另一个例子是行为观察小组对个性化时间点的力量的研究。他们最近的一项实验是“10 月戒烟”（Stoptober）活动，这是一项由英国公共健康部门主导的网络活动，致力于劝导人们戒烟。为了搞清楚哪个网站最有效，行为观察小组和英国公共健康部门进行了一项随机性研究，看一下各种网站设计会带来什么效果。比如，某个网站在网页顶部设置了一个亮橙色的“跑马灯”来显示这个活动的标语：“10 月戒烟，一个没有香烟的 10 月”。另一个网站设置了一条证言式广告——“我戒烟 11 个月了，我为自己感到骄傲。”还有一个网站给证言配了一张中年女士的照片。

毫无疑问，这些不同的设计对于多少人会注册“10 月戒烟”有重要的影响。最没有效果的设计有 15.1% 的访客注册，而最有效果的设计也才有 17.2%（最有效果的设计是在页面上放置了一条能多活 10 年的证言，没有照片，顶部也没有跑马灯）。这个结果看起来不是那么有效果，但是如果以这个活动的规模来看——访问量达 939 000 人次，它仍然产生了很大的影响，一个好一点的网页设计能够让上万人参与戒烟。

然而，当行为观察小组的研究员和经济学家开始分析数据的时候，他们意识到网站的设计并非唯一影响到注册“10 月戒烟”人数比例的因素。他们发现访问网站的时间点也很重要，早上访问网站的人比在一天内其他时段访问的人，注册可能性少 3.8%。并且，在早上访问不同设计的网站带来的影响也不一样。让早上访问设计复杂的网站的人注册，似乎特别困难，每个增加的元素会让在早上注册的人少 0.3%。

怎么解释这些结果？原因不那么显而易见，但是有一个可能性就是我们的注意力在早上不够集中。早上有很多事情要做——要给孩子准备早餐，送他们上学，查看电子邮件，准备会议，扫一眼新闻。结果，我们很难忍受充满太多功能和信息的网站，对网站的呼吁视而不见（MailChimp 是一家管理大型电子邮件营销活动的公司，它的数据显示，人们下午 4 点打开一封电子邮件的可能性是早上 9 点的两倍）。如果这类网站能根据一天的不同时间进行优化——在早上的显示不要太复杂，研究人员估计在下一场“10 月戒烟”活动中，能把注册率提高 5.9%。这样就又能帮助额外 55 000 名吸烟者戒烟。

所以时机是很重要的。这些吸烟者肯定知道香烟对他们有害，但是除非这种戒烟呼吁能在非常合适的时机以合适的形式显示，不然是没有什么效果的。我想相似的模式还可以应用于提高自身的很多方面，比如去健身房健身，或者做更好的财务投资。在 2014 年发表的一项研究中，葡萄牙天主教大学的丹尼尔·费尔南德斯（Daniel Fernandes）、科罗拉多大学的约翰·林奇（John Lynch）以及维吉尼亚大学的理查德·尼特迈耶（Richard Netemeyer）

关注了金融教育的有效性。他们基于 168 项各种针对金融教育影响的研究做出了评估：教育不会带来什么不同。事实上，甚至那些超过 24 小时的强化教育在两年后也没法提高学生的财务决策能力。即便有一定效果，肯定也持续不了很久。

尽管结论令人沮丧，但是科学家并未要求停止金融教育。相反，他们推荐了一种“与打算协助特定行为相关的‘及时’金融教育”。比如，与其教给人们关于抵押的抽象知识，不如教给他们在申请住房贷款时的要点；与其随便挑个时间讲退休储蓄，不如在他们选择 401（k）养老保险计划时再给他们讲相关知识。换句话说，如果想让金融教育能切实影响人们的行为，时机就需要个性化。现在人人都有的智能手机使得这种“及时”教育显然成为了可能，这也让我们增强了个性化带来的影响。理论上，当人们陷入缺乏财务决策能力的困境之时，可以通过短信和电子邮件给出一点财务方面的建议，无论是取出次级贷款或者支取储蓄账户。至少，这类个性化教育可以让人们对未来的结果有更多认识。就如我们在第 4 章中了解的，给用户装一个简单的移动 APP，实时提供给他们有关花费情况的信息，可以帮助他们有效减少在无关紧要东西上的花费。这些信息有很大的影响，因为当用户需要的时候它们就在那里。

所有这些例子都说明了一点：这些网站、APP 以及行为干预的有效性与它们把信息个性化的能力紧密相关。这就是为什么那张最具说服力的酒店标语牌会指明房间号，为什么最好的学习软件会让小朋友觉得好像这个软件是专为他们设计的，为什么 Idomoo 的个性化视频会获得巨大成功，为什么仅仅是在一天的合适时机发一封电子邮件就可以让行为改变有

一个重要的跃升。

人类的大脑很容易忽视信息。个性化的潜力就是帮助我们注意到我们本应该知道的事情。

数字个性化是最有价值的投资

或许这些新的个性化技术最引人注目的方面就是它们的成本效益。在没有网络的世界里，个性化会要求大笔工资支出——公司必须雇用和培训更多的工人，而数字世界只需很少的代价就可以得到相同的好处，或者可能还要更多。事实上，有初步证据表明，投资数字个性化可以获得巨大的投资回报。例如，2013 年可口可乐公司花了将近 800 万美元，只为买下超级碗的广告时间。我不禁在想，是否能把这些广告预算更好地花在使用技术建立起与用户个人层面上的联系。如果广告的目的是为了买下消费者的几秒钟注意力，那么将内容个性化后你可能会得到多得多的回报。

看看行为观察小组的经历。小组的最初目标是设计出能获得 10 倍投资回报的干预，这就是说，英国政府每投入一英镑给这个助推小组，将会得到 10 英镑的回报，这种回报可以是减少的需求（有一种干预可以帮助人们削减失业保险金）或者新产生的收益。许多政客对这个小组的潜力表示怀疑，但是小组在最初几年就证明了这种怀疑是错的，他们带来了平均 22 倍的投资回报（在接下去的 5 年中，他们的干预预计会给英国政府节省大约 3 亿英镑）。实际上，行为观察小组的个性化干预更有效，至少在一个案例中，他们在几个月内就产生了接近 2 000 倍的投资回报。由于这个小组运用的策略并不是数字化的——他们会使用手写政府公函，所以有理由相信数字化后的投资回报可能会更高。毕竟，只要电脑程序写好，就能以极少成本对巨量信息进行个性化。个性化客户服务中心的负担，也即个性化所需要的更多受过良好培训的雇员，将不再存在。感谢技术的突飞猛进，使得我们能够以零成本获得个性化产生的效益。

唉，可惜大多数政府和商业机构都没有充分利用屏幕上个性化带来的好处。在太多的案例中，大量信息被转换成通用的格式，让访问网站的人感到困惑而失去兴趣。人们没法将最重要的东西与纸堆中或是屏幕上浩瀚的其他信息区别开来。所以养老金存单会被扔进垃圾桶；水电费账单从没被拆开过；健保机构发来的电子邮件被匆匆一瞥后就删除了。

我们无法再原谅这种过失，因为很多证据清楚显示了，哪怕在个性化上的很小努力都可以带来巨大的投资回报。因为我们生活在一个数字个性化的时代，不再需要调配大量资源来给客户特别服务；需要付出的代价很多已被科技所取代。有时候，这些可能是自动生成的一段视频，视频里有人说出了你的名字；也可能是一份能解释为何这是一门适合你的课程计划；还可能是一张经过数字编辑后的照片中老去的自己在未来回望着你。

THE 本章测试
SMARTER SCREEN

你会利用个性化工具吗?

当需要提供信息或者选择给客户时，个性化是能想到的最为重要的法则之一。人脑是一台处理信息的机器，但是它只对裁剪过的信息有反应，这些信息都与它独特的兴趣偏好、过往历史，甚至所处的位置相关（网站能从优秀的餐厅服务员那里学到很多）。这里有一些在运用数字个性化工具时需要考虑的问题：

1. 你会使用所有可用的相关数据吗？特别是，你了解你的顾客或者客户吗？你有什么办法对他们的体验进行个性化？比如，我经常乘坐美国联合航空公司的航班，它们本可以很简单地利用我的生日信息给我发一封祝我生日快乐的电子邮件，但是它们没有。有趣的是，另外一家星空联盟航空（Star Alliance Airline）的成员土耳其航空公司却记住了我的生日，虽然我搭乘它们飞机的次数远没有联合航空那么频繁。虽然这里有一点客套成分，而且也花不了航空公司什么钱——但我记住了土耳其航空。
2. 你是否考虑过个性化与侵犯个人隐私之间的界限？设定一个可以平衡两者的方法很重要，过多的数字个性化可能也会让人觉得诡异。
3. 你会对除内容以外的东西进行个性化吗？比如，信息发送的时机与它们的有效性有很大关联，这就是为什么行为观察小组要根据网站被访问的时间进行内容个性化。同样地，你如何利用时间里程碑，比如新年或者生日？
4. 你会运用新技术来提升个性化的效率吗？想想那些个性化视频还有视觉化新技术，比如，人们在看到被数字编辑后的照片中老去的自己之后，更愿意为了退休而储蓄了。

5. 你需要多个网站吗？比如你是否考虑过早中晚都有不同的网站，或者给不同的客户建不同的网站？针对有限注意力的人建一个“快览”版网站,为那些会放更多注意力和兴趣在某个话题上的人建一个“深度”版网站?

6. 你是否在数字个性化上有足够投入？假如这项投入有可观回报，你是否愿意投入更多?

7. 你的数字个性化策略的目标是否足够远大？可以分析大量数据的新发明能够产生新的个性化形式。比如亚马逊提交了一个算法专利，它甚至能够让公司在顾客下单之前就开始投递商品了。这在现在听起来还很疯狂，但是就在不久以前，我们也曾嘲笑过那种能告诉我们应该看哪部电影的算法是不可能存在的。

07

应对屏幕上的选择困难

在这个拥有无尽选择和无穷信息的世界里，我们并没有因选择更多而更快乐。因为我们想要的不是无尽的可能性，而是有效的选项管理。所以，仅仅在屏幕上提供无限选择远远不够。如果你想要成功，就需要帮助人们找到正确的选项。

THE SMARTER SCREEN

Surprising Ways to Influence and Improve Online Behavior

如何从 78 000 种医疗保险计划中找到最佳选择

在本书开篇我们就讨论了 healthcare.gov 网站，一个旨在帮助数百万美国人选择最符合他们需求的医疗保险的网站。可惜的是，healthcare.gov 演变成了一场闹剧，多家预测机构表示，只有不足 1% 的用户能在第一周完成申请。服务器宕机和故障频频上演，短短几个月，网站的表现简直一团乱。而这些技术问题解决后，尽管也有 800 多万人在 2014 年参加了新医改，但公众形象已经不可挽回了。很难想象数字时代有比这更大的灾难，或比这更令人感到当头棒喝的警示——告诉人们网站设计对公共政策的高效实施有重大影响。

然而，我也在前言中提到，过于关注奥巴马医改计划实施过程中的技术问题，让我们忽略了一些更重要的实质性问题。healthcare.gov 网站的目标说到底是为了帮助人们做出聪明决策。考虑到网站的影响力，就算一个看似细微的设计调整也无疑会产生巨大的影响，波及数百万美国人生活中的一个关键财务决策。

那么 healthcare.gov 做到这一点了吗？这个网站有没有正确引导人们为家庭选择最好的医保方案呢？我之前写道，有证据表明，就算修复了技术问题，这个网站也可能会让人们做出很多糟糕的决策（我们之后会在这一章了解到原因）。不过也有好消息，新的研究表明，有方法能够帮助该网站在未来得到改善。更好的设计可以带来更聪明的决策。

首先，我们可以总结下 healthcare.gov 网站的基本问题：提供了太多复杂的医疗保险计划。事实上，美国联邦政府和各州的医疗保障系统上，总共有 78 000 多种不同的方案。就算经过不同的地理和人口条件筛选，也就是用户只看到他们所处地区适用的保险价格，还是会面对数十种选择。举个例子，在佛罗里达的塞米诺尔县（Seminole County），就有 8 家不同的保险公司提供 169 种不同方案。

更糟糕的是，这些医保方案在很多方面都大相径庭，从免赔额度到分摊付款额，都有不同的医药价格和不同的 X 光检查费用，以及不同的医生网络和不同的总体质量评级。所有这些变量意味着 healthcare.gov 网站的访客在几乎没有任何帮助和指引之下，就要迎接扑面而来的汹涌信息，做出重大的财务决策——我家选的最省钱的医保方案每个月也要花费 600 多美元。这样想想，那么多人对网上购物感到不堪重负、困惑不已，也就不足为奇了。

表 7-1 列出了塞米诺尔县的居民在 healthcare.gov 上会面对的 10 种医疗保险方案。要知道，我现在挑出来给你看到的方案还不到所有医保方案的 6%，并且排除了网站列出的很多保险方案属性（如果你不能理解所有那些术语的意思也不用感到难堪，很少有人能全部理解）。要是把所有的方案和可能的变量呈现在表格里，那么这张表可能长达 10 页。

行为自测
THE SMARTER SCREEN

我们现在就做一个快速练习。请看表 7-1 的医疗保险方案，并选择最适合您和您家人的医保方案。

表 7-1　　10 种医疗保险方案

	保险费	自付费用	分摊付款额	保险性质	级别
1	\$392	\$6 000	\$40	EPO	铜
2	\$464	\$5 000	\$25	HMO	白金
3	\$519	\$3 000	\$20	EPO	金
4	\$562	\$850	\$15	EPO	白金
5	\$376	\$6 000	\$40	HMO	铜
6	\$544	\$0	\$10	EPO	白金
7	\$189	\$5 600	\$10	HMO	铜
8	\$240	\$3 750	\$10	HMO	银
9	\$362	\$5 750	\$75	EPO	银
10	\$378	\$3 500	\$30	PPO	银

注：EPO 是指指定医疗服务机构（Exclusive Provider Organization）
HMO 是指健康维护组织（Health Maintenance Organization）
PPO 是指优选医疗机构保险（Preferred Provider Organization）

挺难的，对吗？哪个变量重要，或者哪些变量互相关联，我们毫无头绪。此外，理想的医保方案和你的未来预计医保需求密切相关，例如你明年可能会看几次医生，而这并不好预测。有太多内容要考虑，而手头的指导信息却少得可怜。

多年研究显示，在这些情况下，人们会因为选项的数量和复杂度而困惑不已，可能因此不选择任何选项而直接放弃。来看看美国联邦医疗保险中的处方药物保险计划。2006 年这一计划刚刚出台，政府为消费者提供了 1 000 多种不同的医药计划；然而，针对没有参加这一计划的人进行的一项研究发现，其中 69% 的人是因为选项太多，61% 的人表示参保过程太过复杂。**在 healthcare.gov 网站上线的过程中，政府以为给人们提供大量选择就足够了，但那仅仅是第一步。下一步同样重要，我们需要给人们提供一个流程，帮助他们缩小可选择的范围，从而选到好的方案。**

当然，选择困难不只出现在医保网站上。数字时代，这已经变成了反复出现的主旋律，我们要在屏幕上一次又一次做出选择：在手机上挑选商品，在电脑上选择飞机座位，在沙发上进行股票交易，在交友网站上浏览成百上千的个人资料等。

这些新的在线选择环境并不单纯是现实世界的镜像，Match.com 网站与在现实生活中的咖啡馆和人相亲大不相同，亚马逊也不等同于另外一家书店。两者之间最大的一个区别就是选择量的多少。这一点或许并不令人意外，相比线下实体竞争者，网站可以给我们提供的选择要多得多。因为本地药房的货架空间有限，只放得下 6 种不同的尿布品牌，而 diapers.com 则能提供 50 多种品牌；本地超市大约只能提供 220 种不同的冷食早餐麦片，而亚马逊则能提供 1 841 种选择。以上这些还只是相对小规模的选择，至少按照在线标准是这样。Zappos 网站销售 28 584 种不同的女鞋、15 247 种男鞋。在我小时候，以色列只有一个电视频道，而现在云端服务器能让我们在任何时候收看到有记录以来的所有电视节目。

乍一看，如此广泛的在线选择似乎是件好事，是技术进步的标志，因为突然之间我们有了这么多选项，可以任意选择最好的那个，无论是挑尿布、买鞋还是选择医保方案。根据传统经济理论，选择多多益善，因为想要更多选择的人可以从中受益，而不想要那些选择的人只要忽略多余的即可。更多选择应该会带来更大幸福，或者至少让更多的顾客满意。

但这样的直觉错了，这个拥有无限选择的新世界并没有帮我们做出更聪明的决策。尽管太少的选择会让人扼腕，但太多的选择也会让人麻木，我们有限的脑容量不堪重负，最终不是做出了错误的决策，就是放弃了这样的机会。巴里·施瓦茨（Barry Schwartz）①和亚当·格兰特（Adam Grant）两位心理学家于 2011 年发表的一篇论文中提出，用倒 U 形曲线最能描述顾客选择和顾客满意度之间的关系（我们在第 4 章中提到了倒 U 形曲线，太多反馈和高流畅度可能过犹不及）。

THE SMARTER SCREEN　选项数量与满意度关系测试

杜克大学的阿夫尼·沙阿（Avni Shah）和达特茅斯学院的乔治·沃尔福德（George Wolford）分别做过一个简单的书写笔实验。他们找到 20 种不同的笔，所有笔的价格在 1.89 美元到 2.39 美元之间。受试者被告知每支笔的价格约为 2 美元，但他们可以用 1 美元的特殊折扣价购买其中任何一支笔。

接下来的实验发生了有趣的变化。粗看之下，给人们提供更多笔似乎是一件好事，这样他们就可以找到自己最喜欢的笔。有些人喜欢

① 想了解巴里·施瓦茨的更多思想，推荐阅读湛庐文化出品、浙江人民出版社出版的《选择的悖论》。——编者注

圆珠笔，另一些人偏爱中性笔，或者有些人更看重握笔的触感。当然，提供更多的选项至少在一开始提高了购买率。有两支笔可供选择时，40% 的受试者买到了自己所需的笔。有 10 支笔可供选择时，90% 的受试者找到了自己非常喜爱的笔并最终买下了它。

但接下来倒 U 形曲线就登场了。如果提供的笔超过了 10 种，人们就变得不太愿意购买了。下降趋势非常明显，有 16 支不同的笔可供选择时，只有 30% 的受试者买到了自己满意的笔。

不仅仅买笔会遇到这样的情况，心理学家希娜·艾扬格（Sheena Iyengar）和马克·莱珀发现，同样的结论也适用于购买巧克力和果酱，选择越多，下单越少。艾扬格和同事还进行了一项研究，发现提供大量公募基金选项降低了 401（k）保险计划的参与度：每多 10 个选项，参与度就降低约 2%。最近，针对线上酒类消费者的研究发现，减少消费者眼前的选项（参加实验的科学家移除了售价最低的几种酒），可以增加消费者的满意度，至少当这些消费者不是品酒专家的时候。

若说当前网络世界还没有解决这些发现所暴露的问题，也许并不为过。如果说网络世界做了哪些努力，那也可能是越帮越忙，进一步加剧了过量选择的影响。例如，亚马逊为顾客提供了 1 047 种圆珠笔和大约 1 600 种果酱。Scottrade 是一家行业领先的在线证券交易公司，为投资者提供数以千计的不同公募基金。一个网站接一个网站，用户被这些选择淹没，屏幕上充斥着各种可能的选项，而最终导致可供选择的数量和我们选择的能力无法匹配。有效的选择架构没能跟上不断增长的选项，这种不匹配如果不能及时解决，消费者将会渐渐流失。

不光是选择的规模会让人不堪重负，许多网站还会因为“导航过载”而备受苛评。浏览这些网站的访客会发现自己被大量五花八门的菜单栏、按钮和弹窗包围，到最后，就算他们知道自己的目标是什么，也不知道该如何找到那些内容。这样的导航繁冗费神，而我们的大脑并不喜欢这种迷失的感觉。你可以尝试这样一个练习：算一算从 1 数到 10 要多久；再算算从 10 倒数到 1 要多久。如果你和我一样，那么倒数花的时间要长得多。我两次计数的准确用时分别是正数 2.16 秒，倒数 3.13 秒。这个简单的例子就能说明，我们会偏爱熟悉的流程和便捷的导航路径，不论是在大脑中计数还是在屏幕上点击都是如此。如果网站有太多模糊的链接指向，就等同于设定了要强迫人们倒数的程序一样。

那些无法帮助人们进行在线选择的网站，它们的访客量将会不断减少。PriceGrabber.com 的故事就有着警示意义。这个网站成立于 1999 年，是当时第一家比价购物网站，允许消费者比较互联网上商品的价格。早期的比价定位让该网站迅速成为热搜站点，吸引了数百万访客搜索产品信息。它之后的成长路径也一目了然：扩大选择范围，穷尽整个互联网，提供更多选项。就这点来讲,网站库存的成长实际上也反映了互联网整体增长的趋势。10 年前，PriceGrabber 网站从等离子电视到乐高玩具，列出了约 100 万种商品。但现在呢？他们提供了 1.5 亿种商品。如果算上这些商品的不同属性，比如颜色和尺寸，那么 PriceGrabber 及其附属站点提供的可供购买的商品总数将超过这个星球上的人口总数。为了帮助人们找到正确的商品，它还提供各种导航工具，包括主页上数 10 个菜单按钮和多项选择框。

但网站只是提供选择还不够，PriceGrabber 是通过惨痛教训才学到了这一点。尽管这个网站从幕后看来还是非常成功——它为包括 AOL、微软必应和雅虎在内的众多主流比价网站提供数据，但网站本身已经不再成为访客的关键目的地。“消费者侧的商机已经一去不返，”PriceGrabber 的技术副总监汤姆·麦克尼尔（Tom MacNeil）这样说道，“我们就像 Myspace，一度做大，现在却……一旦用户离我们而去，就很难再吸引他们回来了。”

究竟发生了什么？为什么 PriceGrabber 不断增加数百万新产品到网站上，却丢失了市场份额呢？答案就在颠倒过来的 U 形曲线里。PriceGrabber 之前致力于增加数字库存——希望把所有网上出售的商品都加入进来，却因而忽视了网络决策过程中另一个更为重要的环节，那就是帮助人们做出选择。它们无法调和不断增加的选项数量与人们寻找想要商品的能力之间的不匹配。

仅仅在屏幕上提供无限选择远远不够。如果你想要成功，就需要帮助人们找到正确的选项。无论你是提供 1.5 亿种商品，还是数 10 种不同的医保方案——用户需要网站和 APP 帮助他们更方便地做出聪明决策。

而本章就是要讲如何做到这一点。

错误的分类，比没有分类还糟

20 世纪 60 年代后期，心理学家关于消费者有了一个惊人的发现。传统的选择模式假定消费者会考虑所有相关的选项，然而现实世界中的人远没有那么通透。他们不会思考货架上摆出的每一种可能，而是很快缩小考虑清单。他们通常使用品牌和标签作为心理捷径，只有筛选到最终列表上的产品才列入考虑范围。最值得一提的是这个选择范围的大小——通常不超过 5 个选项。

虽然平均每家超市会出售 30 多种除臭剂，但平均每个消费者考虑的只有 3 个品牌；通常药店会提供 50 多种洗发露，但消费者认真考虑购买的只有其中 4 种。同样的比例适用于从咖啡到汽车的大部分消费商品，绝大多数消费者会忽略架子上的大部分选项。

THE SMARTER SCREEN 多屏时代的商业机会

考虑集（Consideration set）的概念首先发现于实体店的消费者身上，但我认为这个发现在如今的数字时代意义更为重大。别的不说，考虑集提醒我们，消费者通常会限制自己的选项数量，而在选项如此丰富的世界里更是如此。麻省理工大学的市场营销学教授约翰·豪泽（John Hauser）指出，在这个选择太多、时间太少的世界里，考虑集是一种理性反应。我们不想花数小时挑选一瓶洗发露——我们不过是想洗净头发而已。

但考虑集的重要性还在于厘清了在线选择架构要面对的挑战。选择架构是要帮助消费者缩小屏幕上的选择范围，精简到最好的考虑集，这其中包含的商品最可能让买家满意。如果人们一次只能考虑很少的选项，而不是屏幕上列出的数十种，甚至是仓库里存放的上千种，那么我们必须确保他们考虑的是那些合适的选项。

如何做到这一点？其中一种方法就是分类，让人们能够花最少的力气排除大部分选项。考虑到网络带来的选项丰富性，一次排除一个选项有点不切实际。比如，如果我每次花 5 秒钟考虑 Zappos 出售的一款跑鞋，那么就要花上一天时间才能把所有鞋都筛选一遍。智能分类的目的就是确保我们能把有限的注意力集中到最感兴趣的选项上。

让我们看一看卡西·莫吉纳（Cassie Mogilner）、塔马·鲁德尼克（Tamar Rudnick）和希娜·艾扬格于2008年发表的一项实验报告。实验中，他们把50种不同口味的咖啡分成10组，每组标签为"浓烈"或者"柔和"等。每选择一种咖啡并且品尝之后，受试者就被要求根据他们对自己选择的满意度，给出1~7分的评价。在无分类组中，咖啡的平均得分是3.5分，而在分类组中，平均分数为4.5分（在咖啡爱好者中，这一影响并不太显著，因为他们早就知道自己想要什么）。尽管所有受试者品尝到的咖啡品种都相同，但满意度还是在分类组中有了明显的上升。根据研究人员分析，分类法有效是因为它"增加了对类别的感知"，让消费者更确定自己找到了最好的选项。他们没有因为不相关的选项而烦恼，相反，能有效把注意力集中在理想的考虑集上。

但光有分类法还不够，我们必须将世界划分到正确的类别中，至少当我们想帮助人们做出更聪明的决策时。来看一下乔治亚州立大学的杰弗里·帕克（Jeffery Parker）领导的一项有关目录分类和考虑集的新研究。近年来，餐厅和快餐店的菜单上标有"低卡路里"字样的菜品显著增长，这样的设计是为了满足食客的健康需求。然而，在一系列实验中，帕克表明这样的分类实际上让人们更不太可能去选择最健康的菜品。这一结果只出现在低卡路里选项被集中分到一类时，这就意味着问题不在于菜品本身，而是菜单的设计。这一解释再次把我们带回到考虑集概念上，因为帕克假设许多消费者只看一眼就排除了整个"低卡路里"类食物。我们推测这些食物不太好吃，或者会让我们很快感到饥饿，所以点菜时不再考虑这些选项。这并不是说餐馆应该取消低卡路里类食物，或者不在菜单上列出卡路里含量。但这一结果确实说明，我们必须认真看待分类问题，因为错误的分类可能还不如不分类。

当然，实体店里的分类有着明显的限制：不能为顾客量身定制。餐厅通常给每个人提供相同的菜单，不考虑他们的个人偏好；商店不会为各路消费者重新设计货架。然而，数字空间则没有这样的限制。给每一位消费者同样的服装展示、同样的选项，这样的方式没有了立足之本，因为屏幕上有数不尽的方式可以进行分类。简而言之，线上商店可以为我们提供更多的品种，同时还能提供更多的类别，而这些类别是可以高度量身定制的。

看看这样的分类是如何在亚马逊上实现的吧。现在，亚马逊提供 100 多个不同品牌下 8 000 多种不同的咖啡豆。为了对所有选项进行分类，亚马逊给了用户几个宽泛的大类。比如，我可以通过品牌分类，选择星巴克（品牌下有 95 个选项），或是 Philz（品牌下有 25 个选项）。或者我也可以通过其他关键字筛选咖啡豆，比如浓缩咖啡（有 729 个选项），或者无糖咖啡（有 225 个选项）。这些分类肯定有帮助，但它们也会笼统地形成几个很大的考虑集。除非我准确知道自己想要的东西，比如星巴克的浓缩咖啡，这样我最后在屏幕上看到集中排列的可能就是有限的几个选项。

但现在想象一下，如果亚马逊充分利用了分类效应，我就不需要在无尽的列表中不停地下拉滑动条（不然根据显示的选项，我可能面对的是多达 400 页的选项），网站会根据我的消费和搜索历史，自动生成几个大类，我首先要做的就是从中选出几类（亚马逊已经开始运用这些信息不停地推荐新商品了）。可能像我一样的买家倾向于购买公平贸易咖啡豆，或者偏爱巧克力味的咖啡豆，数据会显示相应的关联产品。根据最新的研究，这一策略将成功完成两个目标：

- 消费者会更清晰地意识到显示出的不同品类，从而对购物体验感到更加满意；
- 消费者甚至可能会发现归入到他们考虑集的新品牌。

这样一来，分类就是一种简化的搜索形式，确保搜索结果都尽可能与目标相关。

这种发现新品牌的能力，实际上是测试在线选择架构的关键要素。斯坦福大学的市场营销学教授伊塔玛·西蒙森（Itamar Simonson）认为，数字时代，品牌的重要性会降低，因为现在消费者已经获得了大量实用、独立的信息。“如果消费者有更好的信息渠道了解商品质量，比如其他用户的评论、专家意见，或是社交媒体上其他人提供的信息，那么品牌就不再那么重要了。”他写道。这是一个有趣的假设，但我并不完全认同。想想音乐产业，在这一领域，相反的情形似乎正在发生。网络世界给出的选项是非常饱和的——Spotify 为用户提供 2 000 多万个曲目，人们更有可能倾向于选择他们认可的音乐。举个例子，音乐巨星——那些 1% 的顶尖艺术家，承包了唱片业在数字世界收入的 77%。比起 2000 年时所有音乐销售还集中在线下实体店有限的货架上，同样这些人，在音乐产业的市场份额提高了 6%。这表明当这个世界提供近乎无限的选择和信息时，人们不得不依赖心理捷径去分出他们的考虑集。这些捷径并不总是有效，就像西蒙森指出的，他们大部分情况下被广告左右——但还有什么别的方法吗？在这个注意力稀缺而又信息过载的世界里，要找到更好的方法实在是太难了。

然而，如果一个网站能有一套有效的选择架构，利用好分类法，我想西蒙森的理论或许尚不能定论，因为消费者将面对的是其之前从未考虑过的可能选择。这个选择可能是一支新的乐队弹奏了我最喜欢的那类音乐，也可能是一杯符合我口味的咖啡；而网站担当的就是最好的销售人员，向我展示我自己可能不会发现的新选择。现在我可以利用屏幕上显示的各种类别，而不是在众多其他选择上挥霍时间，或是坚持原来认可的任何东西。这说明随着网站不断完善，帮助我们应对目不暇接的各种选项，品牌最终会变得不那么重要，一如西蒙森预测的那样。**我们并不想拥有无尽的可能性，我们真正想要的是有效的选项管理。**

三次无效点击原则

如果你熟悉网页设计，就会对上述建议产生明显的异议。这个异议的根据就是三次点击原则，至少在一些界面设计师眼中，这条定律被奉为行业圭臬。这条定律解释起来很简单：用户会逃离任何在三次点击内无法完成某项任务的网站。虽然这条规则制定的时间要追溯到拨号调制解调器和移动网络覆盖不成规模的时代——网页似乎永远加载不出来，要么就索性没有反应，但它当时仍有广泛的实用意义。如果这个定律成立，那它对于任何采取分类法的选择架构都会持强烈的批评态度，因为每个分类选项就是一次点击。当我把咖啡选项控制到可以管理的考虑集时，比如点击到最吸引人的那些类别时，就几乎用尽了规定的点击数。我就不会再有精力去选择一种咖啡了。我想这个三次点击原则可能也是亚马逊继续在其搜索页面上提供很多选择的原因之一吧。毕竟，这家公司从“一键下单”的购物按钮专利中取得了巨大的成功——它非常在乎最小化你的点击次数。

但是有证据表明三次点击原则真的成立吗？未必。在用户界面工程公司（User Interface Engineering）发表的一项研究中，约书亚·波特（Joshua Porter）表示，点击次数和在网页上完成某项任务没有相关性。实际

三次点击原则

交互设计领域的基础理论之一，如果用户在三次点击中无法找到信息和完成网站功能，就会停止使用这个网站。

上，他发现许多用户如果觉得每次点击能帮助自己不断接近所要寻找的内容时，最多愿意点击 25 次。波特指出，最常见的用户抱怨是，要花很长时间才能找到某个产品。“然而这些抱怨实际上并不是针对点击次数，”他写道，“这些抱怨针对的是无法找到想要的东西。如果用户找到了想要的东西，他们不会抱怨点击的次数。”

THE SMARTER SCREEN 多屏时代的商业机会

目标不应该是减少点击次数，相反，网站应该力图让每一次点击都有用。我可以改写一下定律，变成“三次无效点击”理论，因为无效点击显然会赶走用户。研究表明，点击类别能帮助我们分解过多选项，得到便于管理的考虑集（传统意义的考虑集常常会受到广告的强烈影响），然后就能找到最符合我们需求的产品。

可是还会有一种难以预料的情况。分类法在缩小最终考虑集到可控数量时效果显著，比如缩小到三四个选项，但如果点击了所有相关类别后，我们得到的还是 30 种咖啡豆或者 20 种医保方案要怎么办？在这些情况下，最终的考虑集还是太大，所有的可能性还是会让我们不堪其扰。

要解决这个问题（也是许多在线零售商面临的问题），我们需要试验一种更新颖的解决方案，也只有在这个充斥着屏幕的世界才能实现的方案。

淘汰赛晋级法，将选项减少到 4 个

第一届温布尔登网球锦标赛在 1877 年举行，有 22 人参加比赛，数百人

观看了比赛，门票一先令。锦标赛有 11 场不同比赛，参加比赛的选手随机分组、彼此较量。每场比赛的优胜者晋级下一轮，和同样晋级的其他选手再比一轮（为了弥补奇数比赛轮次产生的问题，球员们抽签决定谁可以轮空，直接晋级下一轮）。直到决出唯一的胜者，这样的比赛一共需要 4 轮。第一届比赛的冠军是斯宾塞·戈尔（Spencer Gore），来自旺兹沃思（Wandsworth）的一名测量师。他的奖品是 12 枚金币和一座银色奖杯。

虽然在过去的 138 年里，温布尔登网球锦标赛发生了许多变化，比如现在的比赛冠军可以获得约 300 万美元的奖金，有些场次的门票高达数千美元，但是比赛的晋级赛制却依旧不变。球员依旧要么获得胜利，要么打道回府；每轮淘汰一半的参赛选手。比赛开始时共有 128 名选手，总共经过 7 轮角逐后，获胜的选手赢得桂冠。

并不只是温布尔登网球锦标赛采取这种赛制，很多体育赛事，从网球比赛到大学篮球比赛，都采取了这种“连续淘汰锦标赛”赛制。根据名字就能知道这是一种淘汰竞争对手的理想机制，可以把一大群候选人渐渐缩减到一个最终赢家。

但这里要讲讲这个赛制的其他用处：淘汰赛模式可以成为有效解决选择过剩问题的理想方法。至少来自乔治亚理工学院的蒂伯·博赛德斯就提出过这样激进的想法。尽管大多数网站都试图呈现尽可能多的选项，但博赛德斯却考虑到有没有可能把这些选项分到不同的轮次相互竞争，就像温布尔登网球锦标赛或是“疯狂三月”男篮锦标赛的赛制。人们每从这些轮次中选出一个选项之后，就会被要求从之前选出的最爱中再做抉择。这样一来，他们最终的选择就是一个淘汰机制的最后赢家。此外，因为每轮的备选项都控制在考虑范围的选项数之内，人们实际上更有可能确定出他们想要的那个。这是个聪明的想法，但它有效吗？

THE SMARTER SCREEN 面对过载选项做选择的测试

博赛德斯和同事为了测试他的这个假设，给受试者提供 16 副牌供他们选择。每副牌打完后的结果计算都很复杂，但有一副牌客观上是最佳选择——拥有最高的获胜概率，至少在揭秘了其中的统计规律时就能获胜。不出所料，同时要在 16 副牌中做出选择的人，选择的结果最糟糕。事实上，只有 23% 的情况下他们选择出了最优牌。博赛德斯认为这清楚地表明了选择过载的后果，人们无法处理过量信息。

现在看看淘汰机制下的选择情况。这就是购物版本的温布尔登网球锦标赛，一共分成 4 轮，每轮包含 4 个选项。完成这 4 轮选择后，人们在选中的 4 副牌中再进行最后一次选择。当这些选项被这样呈现时，受试者在 48% 的情况下最终锁定了最优牌。换句话说，他们确认最优选项的概率是原来的两倍还多。这无疑是一个显著增长。

为什么淘汰赛制如此有效？当所有牌同时呈现时，大脑内的信息处理系统就会遇到瓶颈，这个原来只能每次处理一部分信息的系统就无法进一步处理信息，结果多余的数字就处于无法解码的状态。然而，同样这些选项在不同轮次里出现时，受试者就可以更好地排列所有的可能性找到最好的一副牌。“我想找到一种选择机制，它不会减少任何选项，但能帮助人们找到最优的那个，”博赛德斯说道，“淘汰赛制就是这样一种机制。”

这种选择架构有很多常见的应用。最有效的方法可能就是结合分类法和淘汰赛晋级法。想象有个人要在纽约市租一套公寓，几年前，他需要一个房产中介才能做出决定，中介会根据他的要求带他参观几处符合要求的房产（这样个性化的服务并不便宜：如果最后成功租到房，中介通常会收取第一年房租的 8%~15% 作为佣金）。互联网改变了这样的选择过程，因为 Zillow、Craigslist 和 Apartable 这类网站会把纽约市正在出租的大部分公寓信息全部列在网上。但有趣的是，中介仍然主导着整个市场，尤其是高端公寓的租赁。除非你走了大运，碰巧挖到了 Craigslist 上的一家优质房产，否则很可能最终要花一个多月的租金来获取签订租约的优先权。

为什么房产中介依旧在纽约租房市场上扮演着如此重要的角色？为什么互联网没有颠覆他们的商业模式？一方面是房东继续雇用房产中介，然后从供不应求的纽约租房市场中获益；另一方面是房产中介依旧能保有他们的市场份额，因为即便互联网上提供了所有的相关信息，要成功在线租到一套公寓也非常困难（纽约市政府因此在官网上建议人们先确定想要租房的小区，然后再找“当地的房产中介”）。

比如，如果我想在 Apartable.com 网站上租一套位于格林威治村（这是曼哈顿区一个相对较小的街区，占地约 0.6 平方公里）的公寓，在网上可以搜索到 5 000 多个选项。为了让这些选项有意义，Apartable.com 和其竞争网站让我在结果中进行筛选。我可以根据价格、入住日期、卧室数量等条件筛选，可惜筛选之后的选择范围依旧很大，这些筛选条件的作用并不大——就算我把筛选条件精确到下个月入住的三居公寓，还是能找到近 500 个符合条件的选项。我不得不滚动页面，查看一页接着一页的图片和价格，试图找到最合适的公寓。考虑到如此庞大的选择范围和低效的选择架构，还是有很多人选择人力中介的帮助和指导来租房，也就不那么意外了。

现在，想象一下如果用量身定制的分类法，然后再用选项淘汰法做这个租房决定会怎么样呢？首先，用户需要选择他们的公寓偏好。理想的地理位置是哪里？是否需要洗碗机？空调呢？这些信息线上已经提供了，只是还没有成为选择架构的一部分。如果我能做主，就会根据备选公寓是否靠近我最喜爱的咖啡馆来进行筛选；别人则可能根据距离地铁站的远近或者建筑面积大小来筛选。不论怎样，这样筛选的目的都是在我们正式考虑部分选项之前排除大部分其他选项，就像有一个中介在提供帮助。然后，一旦我们把范围缩小到大约 16 个选项，就可以开始一个选项淘汰赛。先有 4 个选项出现在屏幕上，每一项旁边都附带其全部相关信息，例如大小、价格和照片。消费者四选一之后，屏幕上会显示接下来的 4 个选项。这个流程会继续重复，直到所有相关的公寓都已经显示过。之后，用户会进入最后一轮选择界面，从他们之前几轮选出的公寓中再做选择。“这才是最困难的部分，”博赛德斯说道，“因为你看到的选项都是你之前精挑细选出来的。”最后，用户必须权衡房产的基本属性和不同变量的相对重要性。这一过程并不有趣，但却正是做好决策的本质。博赛德斯的研究表明，如果租房网站采取这样的选择架构，那么消费者就更有可能找到符合他们需求的住所了；可能也就不需要中介提供的服务了。

然而值得注意的是，选项淘汰法不能解决所有和选项过载相关的问题。正如许多研究指出的，即便我们合理选择，更多选项通常还是会带来更低的总体满意度。本章之前的部分提到，希娜·艾扬格和马克·莱珀的研究显示，在 6 种巧克力中进行选择的学生，比在 30 种巧克力中进行选择的学生更能选出令自己满意的选项，觉得自己的巧克力更可口。他们在实验最后选择一盒巧克力而不是选择现金的概率也几乎是其他学生的 4 倍。

为什么有了更多的选项却让学生对自己的选择更不满意呢？艾扬格和莱

珀强调了买家懊悔情绪的重要性，因为展示出其他巧克力会让受试者质疑自己最初的选择。他们可能选了 Grand Marnier 松露巧克力，但随后就开始犹豫该不该选卡布奇诺夹心的那个品种。他们会不停地去想那些巧克力，怀疑是不是还有味道更好的。

这就是“决定后懊悔”，在这个拥有无尽选择和无穷信息的世界里，它已经成为一个严重的问题。但要解决这个问题的方法其实很简单，而且非常适合在屏幕上解决。

选择结束法，抵御“决定后懊悔”

2009 年上映的电影《爱很复杂》（*It's Complicated*）中有一幕让人茅塞顿开。电影是一部常见的剧情片：梅丽尔·斯特里普（Meryl Streep）扮演的女主角简和亚历克·鲍德温（Alec Baldwin）扮演的前夫杰克旧情复燃，同时她又和帮家里重新装修的设计师亚当（史蒂夫·马丁［Steve Martin］扮演）保持着恋爱关系。整部电影就围绕着简在两个男人之间游移不定展开。影片最后，简为杰克烤了一个巧克力蛋糕，却发现杰克失约没有出现，不愿再等的简用盖子盖上了蛋糕，上床睡觉。没有一句话，但显然这段感情就此结束。简已经准备好重新开始。

决定后懊悔

做了某个决定后，因为结果不理想而产生的后悔情绪。决定后懊悔让人难以享受做出决定后的乐趣。

伦敦商学院的戴维·法鲁（David Faro）用这个电影片段来说明“选择结束”的情况，即“做决定的人认为一个决定已经完成、问题得到解决的心理过程”。在 2013 年发表的一篇论文里，顾漾洁（Yangjie Gu，音译）、西蒙娜·博蒂（Simona Botti）和法鲁指出，一些非常细微的动作（比如用盖子盖上蛋糕），会让人们在做出艰难决定时有种已经结束的仪式感，从而避免一种螺旋式向下的懊悔之情。

THE SMARTER SCREEN 选择结束法测试

在一项实验中，科学家要求受试者选择一种巧克力进行品尝。有些学生可以从 24 种巧克力中挑选，而另一些只能在 6 种巧克力中选择。在品尝了各自的巧克力后，一半受试者被要求用盖子盖住未选择的巧克力。科学家假设这个细微的举动让他们感觉一件事就此结束，尤其是在他们从一个较大的选择范围中做出选择后。

事实证明的确如此。在没有这种结束行为的情境中——受试者仅仅是品尝了巧克力，选择越多，满意度却越低。然而，用盖子盖上巧克力抵消了这种效果。根据法鲁的观点，这是因为在一个大范围中做出选择后盖上盖子，极大地减少了对未选对象的思考和相应的懊悔之情。不再担心其他巧克力的口味，这些受试者可以尽情享受自己的选择。多样性成了一种优势而非负担。在接下来的实验里，法鲁和同事展示了当人们从菜单中点了饮品后的相似结果。有些人点单后依旧打开着菜单——这就是没有结束行为的情境；而另一些人则被告知点单后合上菜单。结果发现，只需简单合上菜单就能让人们对自己的选择更加满意。“我们无须减少他们面前的选项，就能让他们对自己的选择更满意，这样的结果很有意思，”法鲁说道，“我们只是通过这些简单的结束行为，就改变了他们对于自己选择的感知方式。”

在一篇即将发表的论文中，法鲁和同事们指出，在屏幕上只需通过简单的视觉暗示，比如在放弃的选项上标记“已排除”，或是在选中的选项和其他没有被选中的选项之间画一条线，就能触发相似的选择结束的感受。“我想这个结果可以直接应用在数字世界中，”法鲁告诉我说，“不仅仅只有合上菜单这样的实际动作才能让你感觉一件事结束了，屏幕上的视觉信号也可以带来相同的感受。”但你必须用对这样的视觉暗示，让人们对没有选到的选项就此释怀。

可惜很多网站却反其道行之。这些网站不仅没有提倡这种结束选择的行为，还极力降低这种可能性。比如，当我在亚马逊的购物车里添加某个商品之后，网页会链接到一个满是相似商品的屏幕。有些产品和我购买的产品功能互补，例如当我购买了一种咖啡豆后，这些网站可能会显示各种咖啡机。然而，屏幕上有一个部分尤其令人头疼，那就是显示竞争产品，这部分叫作“购买此商品的顾客还够买了”。尽管我刚刚完成了一次困难重重的选择，从一个庞大的选项集合中精心选出了某个商品，亚马逊却下定决心不让我就此结束。这样的设置有时是会带来额外的销售量（我敢肯定亚马逊知道这一提示对提高其他商品的销量到底有多大帮助），但这种提高销售的努力其后果难以预料，因为这很可能会降低我的消费满意度。

重塑屏幕上的选择架构

是时候把这些方法融会贯通，来探索这项新研究是如何重塑我们在屏幕上的选择方法的了，尤其是在当今世界，丰富的选择令人生畏，我们面对的选项数量远远超乎我们可以考虑的数量。今后我们可能会更加不堪其忧，但至少有方法帮助思考能力有限的大脑来选择。

我针对 healthcare.gov 做了调研，因为我相信提高这个网站的页面设计能在三个方面对社会产生深远影响。

- 首先，还有数千万人没有医疗保险，因为这些没有保险的人资产有限，他们因为无法预计的医疗费用而陷入贫困或破产的风险也非常高。虽然一个设计优良的网站可能也无法解决这个问题，但如果它能方便人们选择购买最适合自己及家庭的医保方案，就能最大限度地帮到他们。还记得人们不愿意签约处方药物保险计划的原因就是整个过程太过繁复吗?
- 其次，尽管有人已经购买了医疗保险，但保险费用成了一项主要支出。2013 年，每个家庭平均在医保上花费 3 631 美元；有孩子的家庭或者没有公司补助的个人医疗保险花费还要高得多。
- 最后，我聚焦 healthcare.gov 的原因在于，研究发现很多人的选择并不明智，经常选择了错误的医保方案。在最近一份研究里，沙鲁巴·巴尔加瓦（SaurabhBhargava）、乔治·卢文斯坦（GerogeLoewenstein）和贾斯廷·西德诺（Justin Sydnor）分析了财富百强公司 55 000 名员工的医保选择。他们发现大部分员工选择的医保方案并不好，平均医保费用达到了普通员工收入的 2%。其中女性和低收入员工选择的医保方案费用达到了他们年收入的 4%~5%，或者是半个月的工资。这不是什么微不足道的错误，这样的选择会产生严重后果。

为什么会有这些错误？首先要注意的是医疗保险确实很复杂，做出这个决定要经过艰难的权衡，了解陌生的术语（在卢文斯坦和同事开展的一项调查中发现，只有 14% 的受试者了解保险市场的一些基本概念，比如“分摊保险额”和“共付保险费”等），因而挑战重重，导致很多人出错。为了帮助你理解一个常见错误，我会告诉你两种医保方案。虽然两种方案每月的保额和免赔额（你的自付费用）不同，但实质完全一样。请挑选你更喜欢的一项：

- 方案 A：每月的保额为 150 美元，免赔额为 1 000 美元
- 方案 B：每月的保额为 100 美元，免赔额为 1 500 美元

如果你和大部分人一样，你会选择方案 A。这个方案看上去更合理，风险也更小，免赔额也低了 33%。然而，选择低免赔额的方案经常是个错误的决策，因为低免赔额通常意味着每月保费更高。打个比方，如果你从不生病，那么方案 B 显然是更好的选择，因为你不用担心高免赔额的问题（一年的保费总共只需 1 200 美元）。但是如果生病了，而且医药费超过了免赔额，方案 B 依然是最好的选择。说到底，方案 A 的最高年花费是 2 800 美元：一年的保费是 1 800 美元，加上 1 000 美元需要自付的免赔额。这个数字比方案 B 的最差情形，也就是 1 200 美元一年的保费加上 1 500 美元需要自付的免赔额，还要高出 100 美元。这意味着不论你发生什么情况，低保费的方案都是更明智的选择。

可惜，购买保险的消费者规避风险的意识通常很强，倾向于选择保额高、免赔额低的保险产品。比如，在那个财富百强公司员工的调查中，尽管只要花一会儿时间做个算数就能发现他们选择的方案并不划算，65% 的受试者还是选择了保额高、免赔额低的保险方案。这并不是一个孤立的案子。根据麻省理工大学的詹森·安布拉克（Jason Abaluck）和乔纳森·格鲁伯（Jonathan Gruber）的研究，签约处方药物保险计划的老年人会花费比实际需要多得多的钱，只是因为想选免赔额低的保险方案。同样的选择趋势还出现在 healthcare.gov 网站上，身体健康的 40 岁夫妇如果选错了医保方案，会在

医疗保险上多花 6 000 美元，却得不到任何额外益处。消费者一而再、再而三地表现出对于自负医疗费用的反感，相比之下，他们情愿多支付保额。这样的决策错误代价高昂，而这只是我们在选择医保时常犯的错误之一。

我们要如何帮助人们做出更好的选择？显然需要新办法，因为现在采取的很多策略最后都是在雪上加霜。最近彼得·尤贝尔（Peter Ubel）、戴维·科默福德（David Comerford）和埃里克·约翰逊在研究中发现，healthcare.gov 网站上使用的金属标签（每个医保方案会根据其所覆盖的医疗成本的百分比被分为铜、银、金和白金几个级别）并不能改善人们的医保选择。科学家在研究时偷偷调换了方案上的标签，然后得出了这个结论。尤贝尔和同事提出，这样的调换原不应该造成选择的不同，消费者应该根据方案的属性做出选择。

但科学家发现事实并非如此。在调换了金属标签之后，他们发现数学能力低于平均水平的人更偏向选择“金”标签的方案，尽管这些方案只是换了标签的“铜”标签方案而已。金属标签没能帮助人们聚焦于最重要的保险方案变量，反而分散了注意力。

我和巴尔加瓦、卢文斯坦共同完成的研究中也得出了相似的结论。

THE SMARTER SCREEN 标签对消费者的影响测试

我询问了数百个受试者的病史和最近的计划医疗用度。然后请他们根据奥巴马医改计划的选择架构选择一种医保方案。我们发现金属标签并不能帮助人们做出选择，每个受试者最后选择的医保方案比他们所需要的要多支付 888 美元，约等于他们收入的 3%。有了金属标签，人们做出的决策更糟，还不如把方案命名为“方案A”和“方案B”这样的通用方案名称时。

我担心过量的选择会进一步放大这些决策错误。提供更多的选择并不会让我们更方便地找到最佳选项，而只会让我们更加困惑，因为我们看到屏幕上过量的信息后会不知所措，把标签提示当成捷径，而这些实际上却是误导信息。财富百强公司的员工有48种医保方案可以选择（几年前，他们只有三种方案可以选择：基础方案、附加方案和高端方案），但所有这些新选项并没有改善结果，因为只有约11%的员工能够找到最适合他们需要的保险方案。

我希望关于数字时代决策方法的这项新研究可以帮助修复问题重重的医保网站。此刻，我的建议还处于试验阶段。我目前正与巴尔加瓦和卢文斯坦共同测试我们的一些假设，但还需要更深入地研究。尽管如此，我想提出一些可行的想法，算是抛砖引玉。

首先，我们从healthcare.gov和其他流行网站面临的主要问题着手：选项过载。想象一下，你一个人住在佛罗里达州塞米诺尔县，healthcare.gov为你提供了169种医保选项（美国平均每个消费者面对的选项数量是47）。屏幕上每次显示7~10种方案，根据每月保额列出。这意味着塞米诺尔县公民将需要阅读并记住屏幕上显示的至少17种医保方案，才能在充分知情的情况下进行选择。我们的目标是缩小这种选择范围，降低到只有4个选项。这样做是故意为之，如果最终有3个或5个选项会形成中区偏见，即使中间的选项并不是理想的选项。我想避免这种情况。

问题的关键就是如何把选择范围从169缩小到4。一种策略就是使用量身设定且容易理解的方式进行分类。在在线实验中我们发现，根据受试者的计划医疗用度将方案分类，可以显著改善医保方案的选择情况，帮助人们平均节省300多美元。例如，不用金属标签分类医保方案，而是把它们直接分为低用度、中用度和高用度方案（便宜的铜标签方案是预期低医疗用度消费者的最好选择）。这些新的分类并不能解决问题，但可以帮助人们找到更合适的保险方案。我相信分类可以进一步改善选择情况，尤其是通过增加类别，让消费者根据自己的优先条件，比如平均等待时间或私人病房数量，来筛选不同的医保方案（我会避免选择诸如医疗网络规模这样的分类条件，因为在这方面，更高的消费未必能改善医疗服务）。这样做的目标是使得消费者只需通过几次点击，就能快速排除大多数不那么有吸引力的医保计划。

选择范围缩小到相关且易于理解的类别之后，我会让用户自己进行淘汰选择。剩下的16个选项会随机分到4个轮次中，人们再在每轮中选取一个最喜欢的方案。4轮过后，他们要在之前选出的4个方案里选出最终胜出计划。因为每一轮的考虑范围都便于大脑管理，人们应该能更好地权衡基础利弊。最后，所有未被选中的方案都会被标上一个红色的“×”，强化消费者结束选择的行为。这依旧不会是个容易的决策过程，但至少不会让人不知所措。

最后还有一点值得一提。在数字时代，公司和组织机构都搭建了并不高效的网站，这么做被旁路的风险很大。我不知道为什么没有人运用这一章提到的种种策略，设计一个更高效的网站覆盖healthcare.gov。与其让人们在神秘莫测的各种信息中迷失方向，不如创建一个更易于使用同时又设计美观的网站，帮助人们找到最好的医保方案。一旦做出决定，相关信息就可以直接传递到政府，healthcare.gov 网站就会被旁路掉。

这一“数字旁路”（Digital Bypass）方法可以用于很多场合，无论是金融领域（很多网站都在竞相告诉你有关你的银行账户信息），还是综合性购物网站，帮助人们从亚马逊提供的过多选择中解脱出来（我个人就很喜欢用 Canopy.co）。在线下世界，这种竞争需要大规模的投资，需要购买地产、建立实体店和专卖店。但现在呢？所需的只是几个知晓消费者行为的分析员和一个优秀的程序员。如果你不能够帮助客户做出更聪明的决策，总有别人可以。

我的目标是通过将研究中提到的分类法、淘汰晋级法和选择结束法运用到当今的网站设计中，帮助人们做出更聪明的线上决策。这在做出有关医疗保险等重大选择时尤为重要，但同样的策略还可以用于在线购买咖啡、尿布等任何点击鼠标就能下单的商品。当然我这里列出的只是第一步，但可以肯定的是，将来随着我们测试现有的假设，尝试新的方案，会有更好的解决方案出现。不过，我认为是时候开始利用数字时代这些新的选择架构，帮助我们用前所未有的新方式做出选择了。我们可以选择去做出更聪明的决策。

THE SMARTER SCREEN 本章测试

你的产品能够帮助消费者更聪明地决策吗?

在数字时代，我们有着前所未有的更多选择，但做出的选择却可能比过去更糟。在这一章，我把问题解构成一个“选择算法”，这个算法的目标是把一个数量巨大的选项范围，比如 4^5，即 1 024 个选项，缩小到一个理想的考虑集，4^1，也就是 4 个选项。

1. 你的线上货架可能陈列了上千种产品，但你为消费者提供了筛选到合适考虑集（比如说 4 种产品）的选择工具了吗？从数学角度说，可以把这看作从 4^n 降低到 4^1 的过程。
2. 你是否在设定考虑集大小时想到过中区偏见？选项数量为 3 个或者 5 个的考虑集，可能会把人导向正中的选项，而 4 个选项的考虑集更可能让人权衡各个选项的优劣。
3. 获得可控考虑集的一个有效办法是使用分类法。你尝试过量身定制的分类法吗？数字环境提供了许多分割货架的方法，这个方法可以因人而异、量身打造。
4. 你是否太过担心决策过程中产生的点击次数？虽说点击次数越少越好，但要明白有用的点击次数才更加重要。
5. 你考虑过用淘汰赛的方法来选择吗，把选项从 16 个降低到 4 个？这样的淘汰晋级法在涉及不同变量和权衡取舍时尤为有效。从数学角度说，可以把这看作从 4^2 降低到 4^1 的过程。
6. 你能管理懊悔的情绪吗？研究显示，把不够吸引人的选项标记为“已排除”，能够提高选择结束的感觉。这种方法能提高消费满意度，而成本却很低。

7. 你是否也在考虑过多的属性？认知过载通常不仅仅是选项数量造成的，还可能会被属性的数量和复杂程度所激起。比如，显示医保方案的数十种属性，即便只有三四个选项，也可能让用户困惑不已。

8. 你是否太过依赖我的建议？尽管有许多研究可以佐证我推荐的方法，但通过测试实际的用户体验和选择质量来做出相应调整也同样重要。

08

更聪明的屏幕，让我们更聪明地决策

THE SMARTER SCREEN

屏幕非常擅长用广告和充满诱惑的标题来分散我们的注意力，但在让我们记住我们所看到的，或者找到最好的保险方案上却非常低效。幸好，我们可以利用行为经济学研究数字化的大脑，预测人们在特定屏幕环境下的表现。

THE SMARTER SCREEN

Surprising Ways to Influence and Improve Online Behavior

为什么 2/3 的美国人都没有足够的储蓄

本书的一个主要目标就是展现数字世界是如何从行为科学的洞见中受益的。在某种程度上，这是因为行为科学能够研究数字化的大脑，从而预测人们在特定屏幕环境下如何表现。我们可以预测字体对我们的阅读理解能力的影响，并能够对在屏幕中央放置物品的影响做出有根据的猜测。数字世界需要这些洞见，特别是在涉及帮助人们做出符合其长期利益的决定方面。虽然屏幕非常擅长用广告和充满诱惑的标题来分散我们的注意力，但它们在让我们记住我们所看到的，或者找到最好的保险方案上却非常低效。细想下移动终端上丰富的健康服务应用：苹果应用程序商店里目前有 4 300 多种不同的选择。遗憾的是，其中大部分都没什么用。最近一项研究得出的结论显示，超过 90% 的健康应用程序对于医疗来说价值很少甚至毫无价值。消费者和企业都在这些无任何修复作用的数字“修复”产品上浪费着金钱。

我们怎么才能用行为科学来改善这种情况呢？到目前为止，本书主要关注行为科学的两个工具：信息架构和选择架构。信息架构指的是不同的信息形式可以改变人们处理它的方式，比如使用非流畅字体可以提高数字阅读理解能力；而选择架构则展示了如何通过屏幕设计和产品布局来影响人们的选择（选择淘汰赛是一种新型选择架构的明显例子，也更容易在线上部署）。为了让你感受这些工具在数字世界如何使用，我们来看看它们是如何帮助我们解决一个严重的社会问题的。

我这里关注的问题是退休储蓄危机。大概 2/3 的美国人声称他们没有足够的储蓄。同时，由波士顿大学退休研究中心主任艾丽西亚·芒内尔(Alicia Munnell）所做的一项研究发现，大概有一半的家庭（52%）存在退休后不能维持目前生活质量的风险。这个数字与 20 世纪 80 年代相比增加了超过 20 个百分点。

那么屏幕上的行为科学会有何种帮助呢？这里有一个建议：为智能手机设计一款退休储蓄的应用程序，一方面可以增加我们存钱的动力，另一方面可以让存钱变得简单。让我们从信息架构开始。导致退休储蓄危机的最大一个问题是，大多数人对于未来自身的需求做不到感同身受。结果就导致过分强调当前自身的需求，沉迷于各种即时满足。在第 6 章中，我们研究了个性化自画像的好处，通过数字编辑照片让人看上去更老，从而提高他们存钱的动力。因为这种让人看上去更老的照片显得更真实——弥补了所谓的共情缺陷，这样人们就不太会不顾及未来。在我们的储蓄应用程序里，这些采用数字化方式修改后的照片就会在人们做重大储蓄决策时展现。

当然，仅仅让人们意识到需要储蓄是不够的，还需要让他们能够更容易地采取行动，这就需要选择架构：我们应该尽可能让人们毫不费力地做出正确的决策，排除那些影响他们做出负责任行动的困难和挫折。以上至少是“为明天多储蓄”项目中获得的主要经验，这是我与理查德·泰勒一起制订的计划，已经帮助数百万美国人提高了储蓄率。因为我们让他们增加储蓄率的行为是轻而易举的——在他们每次加薪时提醒其增加储蓄，这样人们更有可能做到这一点。然后，一旦他们承诺增加未来储蓄，程序的自动功能会使其很容易地储蓄更多。

我想把这样的逻辑扩展到数字世界。因为手机已经知道你的姓名、出生日期、社会保险号和地址，应用程序就能够自动填写所需的财务表格；点击一次就应该可以完成注册。账户创建后，消费者可以每个月自动储蓄特定数额的钱到自己的退休账户中（这些费用后续可以出现在他们的电话账单上，或者可以直接和他们的借记卡关联）。这是首次让存钱和花钱变得一样方便。

当然，这些数字修复并不能解决储蓄危机。但我相信，它们能有效减少问题量，就像“为明天多储蓄”项目一样。更重要的是，通过鼓励研究人员进行数字化助推实验，这款应用程序将帮助我们找出什么样的信息架构和选择架构是最有效的。每次存款都奖励一次免费的 iTunes 下载是否会增加人们的退休储蓄？在一天中什么时间做这样的呼吁效果最好？如果人们知道同龄人的储蓄情况是不是会存得更多？如果我们可以微调这些助推方式，那么我认为就可以解决社会科学中最紧迫的问题之一：如何让人们为未来做出更有效的规划。这对退休储蓄很关键，对肥胖的流行、全球变暖，甚至是国家债务问题也很关键。我们一次次牺牲了未来而高估了现在。我想帮助人们更多地关注明天，我认为数字设备可以提供这样的帮助。

但是，如果我们要认真解决退休储蓄危机，就需要利用另一种行为工具。约翰·佩恩和我把它称作“思考架构”，我相信它是最合适在数字空间中使用的策略。**如果信息架构使我们更加认识到最相关的信息，选择架构使我们更容易做出更好的选择，那么思考架构就是帮助我们更聪明地决策。**

下面介绍思考架构如何帮助人们为未来存更多的钱。我的方法涉及所谓的“查询理论”(Query Theory)。由心理学家埃里克·约翰逊、杰拉尔德·豪比尔(Gerald Häubl)和阿奈特·凯南(Anat Keinan)提出,查询理论的前提是,人们做决定时,往往是通过问自己一系列内心问题后做出的。在各种实验中,约翰逊和他的同事已经证明,查询理论可以帮助解释人类行为的许多长期怪癖,从禀赋效应——趋向于高估那些我们拥有的东西,到政治信仰的不一致。

这些问题的影响也被记录在了最近一项由英国政府的行为观察小组所做的随机对照试验中。这项研究的目的是提高器官捐赠者的数量,从而缓解可用器官移植严重短缺的问题。

THE SMARTER SCREEN　如何在屏幕上问正确问题的测试

在英国,人们一般会在进行驾驶执照在线注册或续缴车辆税时被询问是否愿意成为器官捐献者。为帮助提高捐赠率,行为观察小组测试了 8 条不同的短信,每条短信都会随机发给 13.5 万名受众。与对照组相比,虽然大部分短信都能使选择成为捐献者的百分比略有增加,但其中有一条是最有效的。该消息简明扼要,并强调互惠元素:“当你有器官移植需要时,是否会进行器官移植?如果是的话,请帮助一下别人。”如果人们在做器官捐赠者决定之前被问到这个问题,近 1/3 的人会更可能注册成为捐献者。如果应用到网上,行为观

查询理论

查询理论提出偏好是构建的,而不是预先存储、即时提取的。简单来说,即人的偏好不是先天预存在大脑中的,而是经过大脑一步一步回答各种问题,根据各种情况形成的。

察小组估计，这个小的设计改变将额外产生 96 000 个器官捐献者。生命因此得到拯救，只是因为他们找到了在屏幕上问的正确问题。

我相信类似的策略也可以用来鼓励人们做出更审慎的财务决策。在 2007 年的一篇论文中，一组心理学家发现，通过简单地改变问题的顺序——让人们先想一想为什么延迟满足比放纵更好，受试者将更有可能等待一个更大的奖励。同样的方法也可以帮助人们增加退休储蓄。关键是让人们先问自己“为什么我应该存钱”，再问“为什么我不应该存钱”——问题的顺序是至关重要的。

这可能是储蓄应用的一个重要组成部分。比如，你的手机知道（感谢定位数据）你是在逛商场或是在去商场的路上，此时如果能有个小玩意儿提示你思考存钱而不是花钱的原因，将会很有帮助。很明显，你仍然可以好好对待自己；应用程序的目的仅仅是为了让你去思考，哪怕只是几分钟，想想为什么你可能不想这么做。

我们已经习惯了利用清单工作，无论是航空公司飞行员检查驾驶舱控制器，还是外科医生遵循外科手术流程。**思考架构的核心就是我们思考的清单。这样的清单往往有点乏味，但没有关系，重要的是它们有效。**

利用思维工具，突破思考盲点

思考架构是一个相对较新，并在很大程度上没有得到充分利用的方法。不过，我相信它有很大的潜力，尤其是与我们口袋和钱包里这些功能强大的电子产品结合起来时。在这一节，我将概述三款基于思考架构的应用程序，它们会显著改善我们的决策。我想特别指出的是，我在这方面的思考受到了朋友约翰·佩恩的显著影响，他是该领域的巨人。

第四档进攻决策系统

第一个应用程序是为足球教练准备的。几年前，经济学家戴维·罗默（David Romer）发表了一篇研究 NFL 教练做第四档进攻决定（fourth-down decision）的论文。不懂橄榄球的人（我肯定是其中一个）只需要知道做这些决策往往是相当困难的，因为教练必须在尝试继续进攻还是射门之间进行选择，弃攻或者任意球。一般情况下，尝试继续进攻是高风险选择，因为你也许可以获得更多分，但不得分的可能性也会增大。这是一个典型的战略考虑，教练的工作就是要弄清楚何时冒险是值得的。

罗默这篇论文的有趣之处在于，他指出那些为战略智慧花费了数百万美元的 NFL 教练却常常做出错误的决策，至少从统计赔率上看是这样。下面是一个第四档进攻决策错误的典型例子。假定你是一个球队教练，球在你对手的两码线处，这意味着你离触地得分只有两码远，但现在是第四档进攻——只剩最后一场比赛可以得分。你有两种选择，如罗默在文中写道的:“试图射门得分可能得 3 分，而试图触地得分大约有 3/7 的机会得 7 分。”两种选择结果有相同的预期直接回报，因为确定得 3 分与 3/7 的机会得 7 分（3/7 × 7=3）是相等的。在这种情况下，绝大多数教练选择了更具确定性的射门得分，这不应该太奇怪。正如丹尼尔·卡尼曼和艾伦·施瓦茨在 20 世纪 70 年代证明的，人是有损失厌恶心理的：面对一个赌局，只有当潜在收益要大得多的情况下我们才可能接受亏损。

正如罗默指出的，这种对潜在损失的厌恶可能会将教练的判断引入歧途。让我们再回头看一下假设的两码线上的第四档进攻决定。既然预期得分几乎是一样的，教练就不应该只是狭义地基于得分来做这个决定。相反，他们还应该考虑比赛的大背景，比如场上位置。例如，如果触地得分失败了，那么对手将从自己的两码线开始，这样便使他们尽可能地远离相对的球门区；而如果他们尝试射门得分，那么对手会得到接下来开球的机会将球踢回，这样便明显使他们更加接近得分。这个决定可以被看作是更大心理现象的一个例子：当人们更深入地思考利害关系时，可能会开始觉得风险方案更加安全、更具吸引力。

不幸的是，大多数教练并不进行长远的思考。相反，他们往往依靠导致了一些高昂代价的狭隘的决定框架。在罗默的数据集中，他对 1 068 个第四档进攻决策进行统计分析后发现，球队最好的选择就是触地进攻。而在这些样本中，主教练决定射门的次数是 959 次。这意味着教练在这种情况下做出的决定中 90% 都是错误的。

那么，如何让一款第四档进攻的应用程序帮上忙呢？很直接，根据场上的不同位置点，通过程序计算出不同第四档进攻决策的预期结果。如果我是教练，我会想让一个应用程序帮助我做到这一点，在我下决心之前能够提供一个快速的数学分析。我可能不会始终遵循程序的建议，但会很感兴趣。我想确定自己是不是过度规避损失，或成了狭隘框架错误的牺牲品。如我们在第 4 章看到的菲利普·泰特罗克和他的同事在研究中所发现的，得到我们预测的反馈可以显著提升预测准确度。如果不出意外，反馈可以帮助我们理解为什么我们会偏离数字，或者这种偏离是否是一个好主意。NFL 教练可以使用这种帮助：尽管罗默的研究发现发表已有 9 年了，但大多数教练仍然在第四档进攻决策上过于保守。2006 年，教练在第四档进攻尝试选择触地的比例为 11.21%；2012 年，这一比例下降到 10.05% 左右。也许应用程序可以帮助扭转这一趋势。

损失厌恶计算器

行为自测
THE SMARTER SCREEN

你可能不是一个 NFL 教练，不过，我认为可以通过一些思维应用程序来帮助你应对那些困扰教练做第四档进攻决策时的相同错误。例如，约翰·佩恩和我开发了一款损失厌恶计算器，扫描右侧二维码即可找到。通过让人们对一系列赌局进行评估，可以给他们一个损失厌恶分数，告诉他们所遭遇的损失比获得的收益更大。

扫描二维码，
获取损失厌恶计算器

下面是一个示例问题，请告诉我你更喜欢哪个赌局：

- 赌局 A：你有同样的机会赚 100 美元、不赔不赚，或者赔 100 美元
- 赌局 B：你有同样的机会赚 300 美元、不赔不赚，或者赔 300 美元

根据你对以上问题以及其他问题的回答，这款应用程序可以帮助你理解你在损失厌恶型谱上的位置。你过分害怕失去吗？或者，也许你并不是特别害怕？虽然损失厌恶的想法并不新鲜，但从来没有一个简单的工具能帮助我们更加了解损失厌恶倾向。

这种认识可能带来很大的好处。举例来说，如果你过分损失厌恶的话，说不定你不愿意接受必要的治疗，因为这样一来，感染的风险就会非常小；或者你不愿让你的孩子接种疫苗，因为你害怕可能的副作用；又或者，也许你过分担心你的财产，所以会选择为新入手的小玩意儿购买昂贵的保修，尽管大多数专家都认为这是浪费钱。

当然，如果你一点儿也不损失厌恶，那么可能会犯相反方向的错误，从而追求各种危险的赌博。也许你会根据可疑的内部消息去买低价股，或采用可疑的药物辅助。我不认为该应用程序会突然治好大家的某些危险倾向，但我认为它可以帮助你了解其根本原因。一旦你明白了原因——它只是一种情感怪癖，就可以采取措施来应对这种影响。

该应用程序还可以记录我们损失厌恶本能的可靠性。通过反复测试，我们可以更好地了解影响自己面临损失时的主观体验的因素。如果你的损失厌恶得分在每次股市打喷嚏的时候会骤然升高，那么你可能想选择一个更保守的投资组合，或避免过于频繁的关注股市（我也不想把我的钱投资在成绩不稳定的人管理的基金上）。该应用程序的最终目标是建立一个风险本能图，以更好地理解影响我们做如此多代价高昂决定的背后心理因素。

最后，我认为损失厌恶计算器可以帮助人们更好地了解他人的倾向。行为科学家戴维·法鲁和尤瓦尔·罗登斯特莱希（Yuval Rottenstreich）的研究发现，当人们对一些不知道的事情进行风险偏好预估时就容易犯系统性错误。通常来说，我们倾向于认为陌生人没有我们"通人情"，他们的风险偏好比我们自己的更中性。因此，假定你是一名心脏外科医生，试图告知一名患者某个医疗程序的风险和益处。科学表明，外科医生会认为病人对于损失是不敏感的，这可能会导致一些严重的沟通问题。如果我是一名外科医生，我肯定想知道自己的损失厌恶分数，但我也想知道病人的分数，这样我就可以给出更符合他们实际喜好的建议。如果他们的损失厌恶得分落在损失厌恶型谱的最末端，那么我也需要考虑到这一点了。

同样的策略可以应用到财务规划、保险等无数领域中。除非我们知道其他人关于风险的看法——知道他们对可能损失的敏感度，否则很难给他们很好的建议。

退休目标规划系统

我开发的最后一个思维架构应用程序可能是最有价值的。我决定开发这款应用出于一个简单的原因：大多数人没能花足够的时间去思考自己想要什么。而没能这么做主要有两个原因：

- 第一，我们真的很忙。我们有工作、孩子、责任，并且经常是在做好小事情上耗时太久，而很难找出时间来去思考一些大事情。
- 第二，我们认知懒惰。我们不愿思考，即使思考的时候，也会倾向于想得很快，不够深入，不够广泛。最近一项研究发现，2/3 的男性受试者宁愿接受电击，也不愿意独自一人静静思考 15 分钟。简而言之，深思难的问题会让我们大脑很受伤。

然而，虽然科技是导致此问题的一部分原因——它让我们比以往任何时候都更难退一步去思考一些大问题，但我想这也可以成为解决方案的一部分。这就是为什么安联资产管理公司行为金融学中心（Allianz Global Investors Center for Behavioral Finance，我目前是首席行为经济学家）设计了一款名为“退休目标规划系统”（Retirement Goal Planning System，简称 GPS）的应用程序，你可以在苹果应用程序商店上免费获得。大体上，GPS 应用程序会试图引导你完成一个结构化的思维过程，让你可以更认真地思考你生活中需要什么，尤其是当你接近退休年龄的时候（如果你想了解 GPS 流程以及它背后的研究，可以阅读我和罗杰·勒温［Roger Lewin］写的一本书）。例如，研究人员发现大多数人都不太善于总结出一个有关自己人生目标的完整列表。我可能还记得我想花更多时间与家人一起，也想经常前往以色列，但我常常忘记我也想花点时间在个人爱好上，比如作曲。因为我们并不是很频繁地想起自己人生的主要目标，所以就很不善于去规划它们。

证明这一点的最好办法是做一个练习。

行为自测
THE SMARTER SCREEN

我希望你能花尽可能多的时间，在一张空白纸上列出所有主要的退休目标。当你完成后，将纸张放在一边。

我现在提供一份全面的人生目标“总列表”供你选择。这份列表是与数十名金融顾问及即将退休人员进行访谈后得到的：

1. 财务独立：知道我可以付得起有生之年的基本费用
2. 医疗保健：能支付我的医疗费用

3. 住房：选择我自己的生活状况
4. 旅游与休闲：旅游和做一些有趣的活动
5. 生活方式：保持我现在的生活方式
6. 第二事业：开始新的职业生涯
7. 自我完善：投资于个人成长
8. 家庭遗产：留钱给我的家人
9. 回馈：对那些对我重要的事情做出贡献
10. 社会参与：享受朋友的陪伴
11. 有尊严的离开：以我的方式走完自己最后的日子
12. 控制感：感觉我还在“左右”自己的生活

请从这份总列表里面选出所有你关心的目标。你可以选择与你相关的多个或几个目标，重要的是不要看你之前的列表。

全做完了吗？现在请你比较这两份列表。如果你和大多数人一样，那么第二份列表明显较长，它包含了多个第一份列表漏掉的重要目标。这些多出来的目标就是你人生规划的盲点。这个练习令人吃惊的发现就是，即使我警告过你大多数人很难列出自己所有的目标，我猜你还是会遇到同样的盲点。根据经验，大多数人都会遗漏一半的目标，且他们遗漏的和他们已列出的都同等重要。

值得注意的是，这样的练习很容易就能让人暴露出自己的盲点——所需的只是少量的思维架构和 5 分钟的注意力。当然，一旦你得到了一份更完整的人生目标列表，那么更重要的就是弄清楚优先级，或哪些目标是最重要的。GPS 系统是通过一个提示排名系统来做到这点的，即系统会要求你选择最重要和最不重要的目标，然后将剩余的目标按照优先次序分为三类（将目标划分到不同的分类，比如“非常重要”或“比较重要”，要比给列表中的目标进行排名更容易一些）。这一点儿都不复杂，也不棘手，更不是高科技，事实上，它甚至可能让你觉得显而易见。但问题是：我们从来没有这么做过，而且你不能规划那些你从来没有想过的目标。

我希望这些在平板电脑上花几分钟空闲时间就能完成的简单思维练习，可以更有效地帮助我们思考未来，就像第四档进攻应用程序可以帮助 NFL 教练，或者损失厌恶应用可以帮助投资者和医生做出风险决策一样。通过指导人们做一系列精心设计的练习，并考虑到人们的脑力盲点，这些练习就可以帮助人们找出生活中最想要的。

而且，我们不仅仅可以利用这些数字设备来购物、发短信和娱乐。当然这些活动本身没有什么错，我和你们一样喜欢它们。但不要忘记，这些高分辨率屏幕后面隐藏着一个得力助手和顾问，也不要忘记这些设备还能够改善我们的思考过程。我们都很熟悉手机内传统的 GPS 功能，它可以帮助我们在陌生的地方导航。GPS 这款应用程序则有点不同，因为它不是帮你设计最好或最快的路线。相反，它是帮助你找出你的目的地，或者你真正想去的地方。除非你自己知道，否则世界上任何技术都无法帮助你到达那里。

有哪些问题是你应该问自己却没有问的?

数字设备可以很容易通过持续更新来令我们分心，收件箱永远不会安静，但是这种迅捷而狂热的节奏让我们能够找到时间来反思各种重大问题变得尤为重要。

有哪些问题是你应该问自己却没有问的?

结语

未来的工具

几代人之前，人们只有到电影院才能接触到屏幕；而现在，我们花大量清醒的时间与屏幕互动。屏幕陪伴着我们，娱乐着我们，影响着我们。这个向着数字世界的转变，代表着一个伟大的机会，一个千载难逢的机会，让我们重新思考人类行为的发展可能。

THE SMARTER SCREEN

Surprising Ways to Influence and Improve Online Behavior

结语 未来的工具

本书讲的是人们如何在屏幕上思考。其中，部分讲的是有关差异的故事，即屏幕为我们呈现出更多信息、更多选项，但也致使我们行动更鲁莽。但是，我希望这个故事的主题是这里呈现出的巨大机会，即如何利用这些行为科学的洞察来设计出能够帮助人们更有效思考的数字世界。与其将全书进行归纳，我认为应该提出自己的一些意见，并将许多我们讨论过的想法压缩成一个简短的清单，一个能够创造出更智慧的屏幕的有效工具清单。鉴于人们注意力的稀缺性，清单中只列举了我认为在激发屏幕行为改变方面排名前十的工具。

1. 考虑注意力环境因素
2. 利用信息压缩技术
3. 最大化本能美
4. 不确定时，一切从简
5. 优化热点位置使用
6. 让人们感受到反馈
7. 利用感知不流畅性减缓大脑运行速度
8. 提供可控的考虑范围

9. 创造思考工具

10. 利用科学来引导你的设计。采用 A/B 测试

我们应该如何利用所有这些新的工具和见解呢？我的目标是最大化数字世界的好处，从而利用屏幕上所有这些了不起的新工具。谁曾想到利用 Photoshop 将自拍做老化处理会激励人们存更多的钱，抑或一个简单的思考应用程序能帮助人们更好地思考人生目标呢？通过将科技与心理学结合，我认为我们能够设计出一个放大我们的力量，并让我们应对自身弱点的数字环境。但愿上面的简短列表能让你初步了解所有这些能影响并改善我们线上决策的工具。别的不说，这项研究起码提醒我们，即使是对屏幕的简单改变，也能使我们变得更聪明、更谨慎，更能将注意力集中于重要的事情上。

科技的进步是迅速的。几代人之前，人们只有在电影院才能接触到屏幕；接着，屏幕开始步入家家户户，人们每天花数小时盯着电视屏幕；现在，我们花大量清醒的时间与屏幕互动。这些屏幕陪伴着我们，娱乐着我们，影响着我们的社交活动，为我们提供健身反馈。这一向着数字世界的转变，代表着一个伟大的机会，一个千载难逢的机会，让我们重新思考人类行为的发展可能。我担心的是，我们正在浪费掉这个时刻，正在追逐点击而不是改变生活。

在网络上，我们的思考方式似乎不同。我希望，我们能更聪明地思考。如果拥有正确的工具，我相信，我们完全有机会改善每个正在凝视屏幕的人的选择方式。

THE SMARTER SCREEN

附录

打造聪明屏幕的42个工具

Surprising Ways to Influence and Improve Online Behavior

01 物理屏 VS. 心智屏，心智屏才是重点

关注心智屏，而不是物理屏
考虑注意力环境因素
利用信息压缩技术
结合注意力过滤器

02 第一印象冲动，50 毫秒的力量

快速测试你的网站
最大化本能美
不确定时，一切从简
记住：功能追随形式

03 中区偏见，屏幕位置效应的热点与冰点

优化热点位置使用
避免冰点位置
考虑热点位置的不同文化差异
考虑横向偏见
有时候需要缩小而不是放大

04 反馈太多，我们反而视而不见

调整反馈的数量
使用即时反馈
利用新起点效应
让我们感受到反馈
可能的情况下多鼓励少批评
意识到社交媒体的趋同性效应
考虑到屏幕带来的匿名性
使反馈附带上行动计划

05 屏读，困难是必要的

考虑使用难看字体（和其他视觉不流畅的形式）
利用感知不流畅性减缓大脑运行速度
调整不流畅程度以实现网站的目标

06 『个性化』的诱惑力

利用视觉个性化和视频个性化
调整信息发送时点
根据个人调整菜单
提供多个不同的网站
过于个性化会导致事与愿违

07 应对屏幕上的选择困难

提供可控的考虑范围
个性化分类
避免导航过载
管理属性过载
采用选择淘汰赛
使用选择结束法来管理选择后懊悔
最大化提高满足度，而不是点击数

08 更聪明的屏幕，让我们更聪明地决策

从选择架构入手
设置正确的信息环境
创造思考工具

结语 未来的工具

利用科学来引导你的设计。采用 A/B 测试
定期进行白板训练
记住：媒介塑造信息

THE SMARTER SCREEN

译者后记

闹钟唤醒，枕边摸索，找到手机，滑动解锁，强光刺眼，揉眼调整，微博，朋友圈，上滑翻页，略过文字，点开大图，微笑，点赞，继续滑动翻页……

已经不记得在那个没有智能手机、iPad 的年代，自己是如何开始并结束一天的了。不知不觉中对一切事物失去了耐心，追求即时性：网上订购东西，恨不得在鼠标点击支付的瞬间就听到快递员摁门铃的声音；给孩子报名学钢琴，恨不得在刷卡的同时就能让孩子成为演奏大师。生活的便捷并未使自己变得清闲、愉快（Uber 司机迟到五分钟就会打电话愤怒地质问），信息的唾手可得也让自己对一切都变得漠不关心（特朗普和希拉里谁做总统与我何干）……

有幸接到这本书的翻译，个中辛苦，自不必说，每位译者或多或少均有体味。然而也正是由于翻译工作的属性，让我不得不摒弃平日“一目十行”的“恶习”（成百上千的电子书摆在我面前，不一目十行能赶得上我“一键购买”的速度吗），逐字逐句，反复推敲，真正地“读”完这本书。也借此将自己的生活困惑，借用作者书中的思想，进行了粗略分析总结。

感谢生活中的必要难度。这并不是生活变得容易了还不知好歹的抱怨：

1）生活本不易，且行且珍惜；2）容易不一定是件好事。来得快，去得快，易得易失。对于那些需要不断练习才能掌握的本领，静下心来，日复一日，去练习，去体会。对于那些需要不断努力才能维护的情谊，年复一年，去关心，去陪伴。经历过千辛万苦的人和事，才能刻骨铭心。少些手机，多些手记。

不要苛求自己太完美，多看看别人的不完美。不是纵容自己，挖苦他人，而是给自己放个假。看到朋友圈的美食美景，点赞欣羡之余，不要忘记朋友在路上的艰辛，自己在家睡个难得的好觉也是相当美丽。当然，偶尔也需要那扇“明镜”，前车之鉴，后车之师。从他人的错误中学习，保持自己的信心，整装，上路！

无论是工作还是生活，集中注意力。不是说多任务操作不好，而是要排除干扰。如果信息过载是数字时代的副产品，那么比计算机大脑先进的人类大脑就要懂得分清孰轻孰重。条理清晰，排除干扰，放下负担，集中火力。工作生活之余，也要记得每天给自己一些时间，用 5 分钟或者 10 分钟，去发呆，去神游，去创造平行宇宙中的那个“自己”。

然而要做到以上这些，要做到从容不迫，我们需要耐心，需要慢——慢——来。

耐心地去阅读淘宝、京东、亚马逊上每一件物品的描述、评论，不要让华丽的图片蒙蔽了自己的双眼，不要让下意识做“财务”决定。

耐心地去练习每一个音阶中的哆来咪，不要让暂时的成就阻挡长远的进步，不要让短暂的挫折抹杀我们的信心。

耐心地去敲击键盘上的每个字符，不要让未经斟酌的话语伤害亲朋好友，不要让有失偏颇的话语误导他人和自己。

以上拙见，如有失偏颇，望海涵。

最后，要特别感谢我太太还有我两个可爱儿子的理解，还有因为读书而聚在一起的群友们的支持，谢谢你们，认识你们真好！

是以此为记。

湛庐文化 Cheers Publishing
a mindstyle business 与思想有关

湛庐，与思想有关……

如何阅读商业图书

商业图书与其他类型的图书，由于阅读目的和方式的不同，因此有其特定的阅读原则和阅读方法，先从一本书开始尝试，再熟练应用。

阅读原则1 二八原则

对商业图书来说，80% 的精华价值可能仅占 20% 的页码。要根据自己的阅读能力，进行阅读时间的分配。

阅读原则2 集中优势精力原则

在一个特定的时间段内，集中突破 20% 的精华内容。也可以在一个时间段内，集中攻克一个主题的阅读。

阅读原则3 递进原则

高效率的阅读并不一定要按照页码顺序展开，可以挑选自己感兴趣的部分阅读，再从兴趣点扩展到其他部分。阅读商业图书切忌贪多，从一个小主题开始，先培养自己的阅读能力，了解文字风格、观点阐述以及案例描述的方法，目的在于对方法的掌握，这才是最重要的。

阅读原则4 好为人师原则

在朋友圈中主导、控制话题，引导话题向自己设计的方向去发展，可以让读书收获更加扎实、实用、有效。

阅读方法与阅读习惯的养成

（1）回想。阅读商业图书常常不会一口气读完，第二次拿起书时，至少用 15 分钟回想上次阅读的内容，不要翻看，实在想不起来再翻看。严格训练自己，一定要回想，坚持 50 次，会逐渐养成习惯。

（2）做笔记。不要试图让笔记具有很强的逻辑性和系统性，不需要有深刻的见解和思想，只要是文字，就是对大脑的锻炼。在空白处多写多画，随笔、符号、涂色、书签、便签、折页，甚至拆书都可以。

（3）读后感和 PPT。坚持写读后感可以大幅度提高阅读能力，做 PPT 可以提高逻辑分析能力。从写读后感开始，写上 5 篇以后，再尝试做 PPT。连续做上 5 个 PPT，再重复写三次读后感。如此坚持，阅读能力将会大幅度提高。

（4）思想的超越。要养成上述阅读习惯，通常需要 6 个月的严格训练，至少完成 4 本书的阅读。你会慢慢发现，自己的思想开始跳脱出来，开始有了超越作者的感觉。比拟作者、超越作者、试图凌驾于作者之上思考问题，是阅读能力提高的必然结果。

扫码关注湛庐文化，
回复“阅读”
这5种方法，让读过的书变成你的影子

[特别感谢：营销及销售行为专家 孙路弘 智慧支持！]

我们出版的所有图书，封底和前勒口都有“湛庐文化”的标志

并归于两个品牌

财富汇　　心视界

找“小红帽”

为了便于读者在浩如烟海的书架陈列中清楚地找到湛庐，我们在每本图书的封面左上角，以及书脊上部 47mm 处，以红色作为标记——称之为**“小红帽”**。同时，封面左上角标记**“湛庐文化 Slogan”**，书脊上标记**“湛庐文化 Logo”**，且下方标注图书所属品牌。

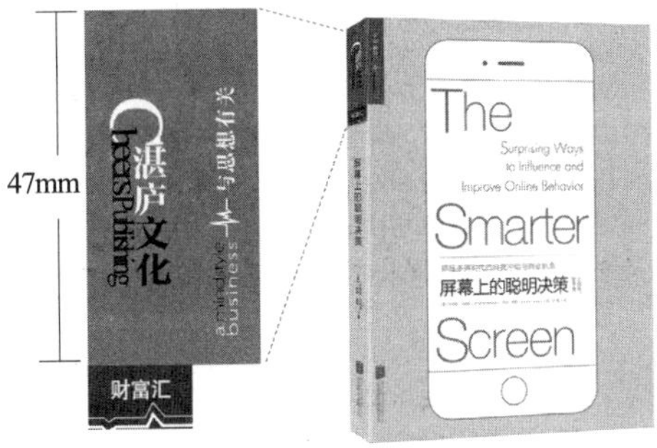

湛庐文化主力打造两个品牌：**财富汇**，致力于为商界人士提供国内外优秀的经济管理类图书；**心视界**，旨在通过心理学大师、心灵导师的专业指导为读者提供改善生活和心境的通路。

阅读的最大成本

读者在选购图书的时候，往往把成本支出的焦点放在书价上，其实不然。

时间才是读者付出的最大阅读成本。

阅读的时间成本=选择花费的时间+阅读花费的时间+误读浪费的时间

湛庐希望成为一个“与思想有关”的组织，成为中国与世界思想交汇的聚集地。通过我们的工作和努力，潜移默化地改变中国人、商业组织的思维方式，与世界先进的理念接轨，帮助国内的企业和经理人，融入世界，这是我们的使命和价值。

我们知道，这项工作就像跑马拉松，是极其漫长和艰苦的。但是我们有决心和毅力去不断推动，在朝着我们目标前进的道路上，所有人都是同行者和推动者。希望更多的专家、学者、读者一起来加入我们的队伍，在当下改变未来。

湛庐文化获奖书目

《大数据时代》

国家图书馆"第九届文津奖"十本获奖图书之一
CCTV"2013中国好书"25本获奖图书之一
《光明日报》2013年度《光明书榜》入选图书
《第一财经日报》2013年第一财经金融价值榜"推荐财经图书奖"
2013年度和讯华文财经图书大奖
2013亚马逊年度图书排行榜经济管理类图书榜首
《中国企业家》年度好书经管类TOP10
《创业家》"5年来最值得创业者读的10本书"
《商学院》"2013经理人阅读趣味年报•科技和社会发展趋势类最受关注图书"
《中国新闻出版报》2013年度好书20本之一
2013百道网•中国好书榜•财经类TOP100榜首
2013蓝狮子•腾讯文学十大最佳商业图书和最受欢迎的数字阅读出版物
2013京东经管图书年度畅销榜上榜图书，综合排名第一，经济类榜榜首

《牛奶可乐经济学》

国家图书馆"第四届文津奖"十本获奖图书之一
搜狐、《第一财经日报》2008年十本最佳商业图书

《影响力》(经典版)

《商学院》"2013经理人阅读趣味年报•心理学和行为科学类最受关注图书"
2013亚马逊年度图书分类榜心理励志图书第八名
《财富》鼎力推荐的75本商业必读书之一

《人人时代》(原名《未来是湿的》)

CCTV《子午书简》•《中国图书商报》2009年度最值得一读的30本好书之"年度最佳财经图书"
《第一财经周刊》• 蓝狮子读书会•新浪网2009年度十佳商业图书TOP5

《认知盈余》

《商学院》"2013经理人阅读趣味年报•科技和社会发展趋势类最受关注图书"
2011年度和讯华文财经图书大奖

《大而不倒》

《金融时报》• 高盛2010年度最佳商业图书入选作品
美国《外交政策》杂志评选的全球思想家正在阅读的20本书之一
蓝狮子•新浪2010年度十大最佳商业图书，《智囊悦读》2010年度十大最具价值经管图书

《第一大亨》

普利策传记奖，美国国家图书奖
2013中国好书榜•财经类TOP100

《真实的幸福》

《第一财经周刊》2014年度商业图书TOP10
《职场》2010年度最具阅读价值的10本职场书籍

《星际穿越》

国家图书馆"第十一届文津奖"十本奖获奖图书之一
2015年全国优秀科普作品三等奖
《环球科学》2015最美科学阅读TOP10

《翻转课堂的可汗学院》

《中国教师报》2014年度"影响教师的100本书"TOP10
《第一财经周刊》2014年度商业图书TOP10

湛庐文化获奖书目

《爱哭鬼小隼》

国家图书馆“第九届文津奖”十本获奖图书之一

《新京报》2013年度童书

《中国教育报》2013年度教师推荐的10大童书

新阅读研究所“2013年度最佳童书”

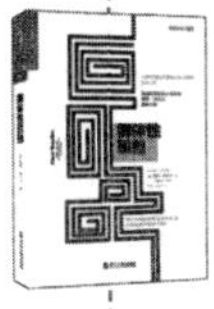

《群体性孤独》

国家图书馆“第十届文津奖”十本获奖图书之一

2014“腾讯网·啖书局”TMT十大最佳图书

《用心教养》

国家新闻出版广电总局2014年度“大众喜爱的50种图书”生活与科普类TOP6

《正能量》

《新智囊》2012年经管类十大图书，京东2012好书榜年度新书

《正义之心》

《第一财经周刊》2014年度商业图书TOP10

《神话的力量》

《心理月刊》2011年度最佳图书奖

《当音乐停止之后》

《中欧商业评论》2014年度经管好书榜·经济金融类

《富足》

《哈佛商业评论》2015年最值得读的八本好书

2014“腾讯网·啖书局”TMT十大最佳图书

《稀缺》

《第一财经周刊》2014年度商业图书TOP10

《中欧商业评论》2014年度经管好书榜·企业管理类

《大爆炸式创新》

《中欧商业评论》2014年度经管好书榜·企业管理类

《技术的本质》

2014“腾讯网·啖书局”TMT十大最佳图书

《社交网络改变世界》

新华网、中国出版传媒2013年度中国影响力图书

《孵化Twitter》

2013年11月亚马逊（美国）月度最佳图书

《第一财经周刊》2014年度商业图书TOP10

《谁是谷歌想要的人才？》

《出版商务周报》2013年度风云图书·励志类上榜书籍

《卡普新生儿安抚法》《最快乐的宝宝1·0~1岁》

2013新浪“养育有道”年度论坛养育类图书推荐奖

湛庐文化 Cheers Publishing
a mindstyle business 与思想有关

延伸阅读

《影响力》

扫码直达本书购买链接

- ◎ 西奥迪尼经典作品，风靡全球30载。
- ◎ 被引述率高居当今社会心理学图书之冠。
- ◎《财富》杂志鼎力推荐的“75本商业必读书”之一，亚马逊推荐的“人生必读100本书”之一。

《稀缺：我们是如何陷入贫穷与忙碌的》

扫码直达本书购买链接

- ◎ 哈佛大学终身教授、“麦克阿瑟天才奖”获得者塞得希尔·穆来纳森和普林斯顿大学心理学教授埃尔德·沙菲尔强强联合之作，《金融时报》2013年必读十佳商业图书。
- ◎ 清华大学教授、心理学系主任彭凯平，浙江大学经济学教授、跨学科社会科学研究中心主任叶航，物理学家、中山大学教授李淼，中国人民大学哲学院副教授周濂，福布斯中文网总编辑周健工，财新传媒主编王烁，《罗辑思维》主讲人罗振宇等联袂推荐。

《超市里的原始人》

扫码直达本书购买链接

- ◎ 新零售时代三部曲之新零售时代的消费心理学。
- ◎ 是进化心理学应用在消费领域的颠覆性著作，行文幽默诙谐，观点独到精辟，是一本在消费心理学方面具有启示性的大胆著作。
- ◎ 畅销书《影响力》作者罗伯特·西奥迪尼、畅销书《理性乐观派》作者马特·里德利、畅销书《情绪：情感心理学》作者迪伦·伊文斯联袂推荐。

《不可消失的门店》

扫码直达本书购买链接

- ◎ 新零售时代三部曲之后电商时代的消费行为学。
- ◎ 新零售时代理论先行者大卫·贝尔重磅新作，首次全面深度剖析线上线下跨界融合创新的理论与实践基础！
- ◎ 大量零售案例与数据分析，未来实体与电商发展大胆预测。
- ◎ CMO、COO、MBA、企业高管、零售从业者必读！

图书在版编目（CIP）数据

屏幕上的聪明决策 /（美）什洛莫·贝纳茨，（美）乔纳·莱勒著；石磊译．—北京：北京联合出版公司，2017.1
ISBN 978-7-5502-8879-9

Ⅰ．①屏… Ⅱ．①什… ②乔… ③石… Ⅲ．①企业管理–网络营销 Ⅳ．① F274

中国版本图书馆 CIP 数据核字（2016）第 250664 号
著作权合同登记号
图字：01-2016-4442

上架指导：企业管理 / 网络营销

本书法律顾问　北京市盈科律师事务所　崔爽律师
张雅琴律师

屏幕上的聪明决策

作　　者：［美］什洛莫·贝纳茨
［美］乔纳·莱勒
译　　者：石　磊
责任编辑：杨　青　徐秀琴
封面设计：湛庐文化 李新泉
版式设计：湛庐文化 尹秋羡

北京联合出版公司出版
（北京市西城区德外大街 83 号楼 9 层　100088）
北京中印联印务有限公司印刷　新华书店经销
字数 175 千字　720 毫米 ×965 毫米　1/16　14.5 印张　3 插页
2017 年 3 月第 1 版　2017 年 3 月第 2 次印刷
ISBN 978-7-5502-8879-9
定价：56.90 元